JN287672

# 【耐震建築をつくる】
# RC造の要素技術

酒見荘次郎 著

技報堂出版

# 推薦の辞
## －鉄筋コンクリート工事監・管理者の教科書－

　鉄筋コンクリート造建物は，耐震性，耐久性，耐火性に優れ，そして何よりも居住性に優れている。1950年代以降，日本では数多くの鉄筋コンクリート造建物が建設され，最も一般的な構造形式となっている。鉄筋コンクリート構造は，建物ごとに手造りとなる構造なので，造るだけであれば，それほど特殊な技能がなくても，学校の実験や実習で造ることさえできる。しかしそれだけに，造り方によって出来上がった建物の良し悪しが大きく左右される宿命を持っている。正しい造り方をしなければ，どんなに優れた構造設計がなされていても，その性能を十分に発揮することはできない。良質な鉄筋コンクリート造建物を建設するためには，構造設計者だけでなく，その建物の施工にかかわるすべての技術者と技能者が正しい知識を持ち十分な理解をしていなければならない。特に，建物の施工責任を担う監・管理者の役割は重要である。

　鉄筋コンクリート工事は，鉄筋工事，鉄筋継手工事，型枠工事，コンクリート工事とそれぞれの専門工事の工程のすべてが，仕様書あるいは要領書に従って正しく行われていなければならない。これらの工程が正しく行われていることを確認し監督するのが監・管理者の役割であるが，工程のすべてを監・管理者が監視することは不可能なので，抜き取り検査となることはやむをえない。したがって，何（どこ）をどのようにして確認するかを決めることが監・管理者にとって重要となる。近年，施工機械の進歩とともに施工速度が速くなり，検査速度が施工速度に追いつかなくなっている。さらに施工技術も多様化し，現場での監・管理者の質の向上への要求は高まるばかりである。

　本書は，このような観点から，鉄筋コンクリート造建物の工事について，杭工事から上部構造のコンクリートの仕上げまで，工事の工程に従って，監・管理者の視点から施工管理のポイントについて網羅したものであり，その取り上げられている事例の詳細さと多彩さから，著者の経験の深さをうかがい知ることができる。良質な建物を建設するためには，施工を考慮した設計が必要なので，現場だけではなく，建設にかかわるすべての技術者が，「施工欠陥のない良質な建物を建てるために何をすべきか」について考えなければならない。本書は実際に発生したさまざまな施工欠陥について，その原因と対策について具体的に述べており，対策としての提案も施工にとどまらず設計法にも及んでいる。

　建築にかかわるすべての技術者・技能者にとって大変貴重な教科書となるであろう。

2007 年 10 月

東京工業大学　教授
林　　静　雄

## はじめに

　2005年11月のマスコミ報道で，鉄筋コンクリート造（RC造）マンションの一部に，建築基準法で定められている耐震強度を低く抑えて，鉄筋の量を少なく使用する構造設計が行われていることが，アトラス設計渡部代表の指摘により発覚した。建築工事に占める鉄筋工事費はどんなに多くても10％未満であり，コスト削減のためとはいえ，竣工後にたわみや大きなひび割れが目立つ床や壁の鉄筋を減らすことはできない。大きな地震は忘れた頃にしか来ないため，例えば耐震強度を50％に抑えても柱と大梁の鉄筋を減らして浮く金額は，全工事費に対する割合にすれば僅かである。それよりも背信行為により，国家資格を剥奪され業務の継続ができなくなった関係者がこうむる損失のほうが大きい。そのうえ社会を不安に陥れ建築界に与えた悪影響の罪ははなはだしく大きい。

　民間の建物を造る場合に義務づけられている建築確認申請書の審査を行う係員のうち，構造設計に詳しい技術者の不在から，審査も適切に行われていない検査機関や特定行政庁が多数判明した。その結果，建築行政のあり方が問われたため，国土交通大臣から社会資本整備審議会に諮問され，建築分科会において議論された答申を基に，建築関係の法律を改正しなければならない程の大きな事件に発展した。

　一方，官庁が建物を造る場合は，それぞれの庁内に建築技術者がそろっているという理由で確認申請書の提出は不要であるが，建築計画を特定行政庁へ通知する「計画通知」制度がある。この制度は何故かこの間まで構造計算書を提出する義務はなく，建物の設計図書を特定行政庁へ通知することになっていた。計画通知の構造設計は第三者の審査を経ないため，誤りや偽装が行われても内密に処理され，内部告発がない限り発覚することは皆無に等しい。

　日本最大の国立不動産屋である旧・日本住宅都市整備公団が，東京都八王子市に建てた「ベルコリーヌ南大沢団地」の分譲マンションは，全部で7団地919戸の大規模団地であるが，工事監理が適切に行われていなかった結果，生コンクリートへの加水・鉄筋のかぶり不足によるコンクリートの爆裂・空洞・主筋の不足等，施工欠陥による多数の不具合があるため，アンケート結果では「繰り返し漏水」の戸数が33％も発生していた。

　日経BP社の依頼で筆者を含め3名の専門家が調査した16棟の団地では，補修不能と判断される棟があった。既に4棟は建替えが決定していたのに加え，この中層マンションを含め合計20棟を，僅か10数年後に建て替える前代未聞の莫大な補償が発生した。その他の同じデザインの団地でも地割れや，高層棟の下層柱と大梁のコンクリートに，大きな空洞・コンクリートの分離・フープ・スターラップの不足等，異常が発見され国会質問でも危険性が取り上げられた。しかし，官庁が関係したものは責任の所在を曖昧にされ，管理組合との交渉が滞ったままで民間の耐震偽装物件のように対応が進んではいない。瑕疵調査を進めるうちに設計上の問題も露呈し，姉歯元建築士の耐震設計の偽装より数年も前に，元住宅都市整備公団の計画課長により，耐震設計の偽装が行われていたことが，新聞記者の努力が実り特ダネで2006年7月3日読売新聞夕刊の社会面で報道された。

　このような欠陥建築は，大地震が来ればひとたまりもないが，中地震でも崩壊や倒壊の恐れがあるため，政府は居住者を緊急に避難させることを危機管理の第一ステップとし，近隣への加害を考慮して速やかに撤去すべきである。このような指導力が適切に発揮されなければ，建物の崩壊や倒壊により，日本の建築技術が劣悪であるとの悪評が世界に知れ渡り大恥をさらすことになる。

　建物は建設から廃棄に至るまでに材料の製造・運搬および工事に伴って資源を大量に消費するため，$CO_2$

の産業排出量割合が他の産業より非常に多く，わが国の $CO_2$ 排出量の 1/3 を占めている。近年 $CO_2$ やフロン等による温暖化が地球環境に悪影響を与え，人々が永続的に生存して行くための施策が問われている。これから新築する建物は，環境負荷の小さい建物として設計し，膨大な資源を消費して造る建物は，維持管理を適切に行って 100 年以上使用できる長寿命でなければならない。

RC 造は，コンクリートの弱点を鉄筋で補強し，鉄筋の弱点はコンクリートが保護するように組み合わされた，安価で自由な形を造ることができる便利な複合材であるため，建設界にとっては構造材として不可欠の材料である。原材料の鉄筋・セメント・骨材・水は，JIS の規格値を満足した品質の素材で構成されているが，現場で RC 造となった建物の躯体強度は千差万別となる。これは施工法に問題があり，担当技術者は「猫に小判」といわれないように，複合材料である RC 造の性能が発揮され，耐震的な建物を造る技術的な知識の研修に努力しなければならない。

RC 造の欠陥が生じないように確実な方法が開発済みであっても，コスト第一主義が営々と今日まで続けられ，品質を無視した建物は大地震によって崩壊した時に欠陥部を露呈する。鉄筋のかぶり厚さが少ない場合は，豆板や空洞が生じて強度が低下するとともに，付着割裂破壊が進展して最も危険な脆性破壊となる。また，コンクリートの中性化で鉄筋が錆びて短命の建物となる。RC 造躯体の寿命を左右する鉄筋のかぶり厚さは，発注者の資産価値が数十年の差を生じるほど影響が大きいため，構造設計者は開発されている確実な方法を講じた設計をしなければ，損害賠償の責任が免れないことを自覚しなければならない。

RC 造は一体構造として設計されているが，各階ごとや 1 日のコンクリート打設量から決める範囲の工区を，水平や鉛直方向に打ち継がなければならないが，コンクリート面の接着力は実験で丁寧に作った試験体でさえ，100 % となるように施工することは不可能なため，設計図には打継ぎ補強筋の要領を明記し，請負者は鉄筋の台直しや漏水が生じないように入念に施工することが重要である。

RC 造のひび割れは設計基準どおりの補強配筋で施工されていても，乾燥収縮によるひび割れ防止の設計式がないため，開口隅角部より斜めに発生する場合が最も多い。ひび割れは漏水による被害や遮音性・耐久性・美観性および財産価値にも影響するため，ひび割れが生じにくいように開発されている各種の補強金物を検討し，ひび割れに最も有効な補強金物を設計に採用する決断や施工管理が重要である。

RC 造の建物は，耐震・耐火構造であるとされているが，施工の難しさから欠陥が生じてその性能が発揮できないようでは困るため，過去に生じた施工欠陥の原因を調査し，その対策を事前に講じる知識と実行するためのコストを確保することが必要である。欠陥が生じる恐れがあることに対しては確実な方法を設計に織り込むようにし，構造的素養のある技術者が各工程ごとに監理できる体制がとれるように，工事監理費について発注者に理解を求めることが重要である。

本書は 2001 年に出版した『人の失敗に学ぶ　RC 造の施工欠陥と対策　難しい施工の 162 項目』が 6 年を経過し，国土交通大学校をはじめ(社)日本建築構造技術者協会（JSCA）・(社)全国鉄筋工事業協会・建設会社・建築工事現場事務所・鉄筋工事業者等の要請で，講習会を開催した際にテキストとして使用したため初版の残冊数が少なくなった。その間に執筆した『日経アーキテクチュア』への 5 回連載「RC 造の予防監理術」，JSCA 編『RC 造の打継ぎチェックリスト』等に掲載した写真を新しい構成で編集し，耐震・耐久・耐火の性能を確保するための技術書として，表題も新たに『耐震建築をつくる　RC 造の要素技術』として出版することとした。

2007 年 8 月

著　者

# 目　次

## 第1章　RC造の概要　　1
1.1　鉄筋コンクリート構造 ........................................................... 1
　　1.1.1　構造上の概要 ............................................................ 1
　　1.1.2　特長 .................................................................... 2
　　1.1.3　短所 .................................................................... 3
1.2　RC造の材料 ..................................................................... 3
　　1.2.1　コンクリート ............................................................ 3
　　1.2.2　鉄筋 .................................................................... 3
　　1.2.3　型枠 .................................................................... 5
1.3　RC造の接合 ..................................................................... 6
　　1.3.1　鉄筋とコンクリートの付着 ................................................ 6
　　1.3.2　鉄筋の定着 .............................................................. 7
　　1.3.3　コンクリートの打継ぎ .................................................... 7
　　1.3.4　鉄筋の継手 .............................................................. 7

## 第2章　杭工事　　17
2.1　既製コンクリート杭 ............................................................ 17
　　2.1.1　既製コンクリート杭の種類 ............................................... 17
　　2.1.2　杭施工管理技士の自主管理 ............................................... 18
　　2.1.3　杭の材料検査 ........................................................... 18
　　2.1.4　通り心の検査 ........................................................... 19
　　2.1.5　試験杭の施工 ........................................................... 19
　　2.1.6　基礎杭の施工 ........................................................... 20
　　2.1.7　杭頭天端高さの精度 ..................................................... 21
　　2.1.8　雇杭の穴埋め ........................................................... 21
　　2.1.9　杭頭処理 ............................................................... 21
　　2.1.10　偏心杭の補強 .......................................................... 23
2.2　場所打ちコンクリート杭 ........................................................ 24
　　2.2.1　場所打ちコンクリート杭の種類 ........................................... 24
　　2.2.2　鉄筋籠の製作 ........................................................... 24
　　2.2.3　水中コンクリート ....................................................... 27

## 第3章　土工事　　33
3.1　床付け面の水平精度 ............................................................ 33
3.2　山留めの鉛直性 ................................................................ 33
3.3　仮設釜場の設置 ................................................................ 33
　　3.3.1　独立基礎 ............................................................... 33

　　　　　3.3.2　ベタ基礎 .................................................. 34
3.4　本設釜場の地業 ........................................................ 35
3.5　粘性土床付け面の砂敷き ................................................ 35
3.6　レベルコンクリート打設 ................................................ 35
3.7　土留頂部の水返し ...................................................... 36
3.8　予想数量を超えた残土 .................................................. 36
3.9　打継ぎ欠陥を招く残土 .................................................. 37

## 第 4 章　鉄筋工事　39

4.1　基礎の配筋 ............................................................ 39
　　4.1.1　独立基礎の配筋 .................................................. 39
　　4.1.2　布基礎の配筋 .................................................... 40
　　4.1.3　ベタ基礎の配筋 .................................................. 40
　　4.1.4　マットスラブの配筋 .............................................. 41
　　4.1.5　複合基礎 ........................................................ 41
　　4.1.6　ケーソン基礎 .................................................... 41
4.2　柱の配筋 .............................................................. 41
　　4.2.1　柱の応力と配筋 .................................................. 41
　　4.2.2　パネルゾーンのフープ配筋 ........................................ 42
　　4.2.3　水平打継ぎ面の主筋位置 .......................................... 43
　　4.2.4　打継ぎ面に必要な鋼製スペーサー .................................. 44
　　4.2.5　寄せ筋のあき .................................................... 45
　　4.2.6　大梁下端の第 1 フープ高さ ....................................... 45
　　4.2.7　スペーサーの材質と配置 .......................................... 45
　　4.2.8　柱筋の自主検査 .................................................. 48
4.3　地中梁の配筋 .......................................................... 49
　　4.3.1　連続基礎の地中梁主筋継手位置 .................................... 49
　　4.3.2　杭基礎に土間スラブが載る場合の主筋継手位置 ...................... 49
　　4.3.3　独立基礎で土間スラブがない場合の主筋継手位置 .................... 49
　　4.3.4　地中梁下端の重ね配筋 ............................................ 49
　　4.3.5　宙吊り主筋のあき確保 ............................................ 50
　　4.3.6　置きスラブの付加し筋 ............................................ 51
　　4.3.7　杭の偏心施工に伴う補強配筋 ...................................... 51
　　4.3.8　人通孔の開口補強 ................................................ 52
　　4.3.9　鉛直打継ぎ部の補強筋 ............................................ 52
　　4.3.10　二線メッシュ工法の継手 ......................................... 53
　　4.3.11　水平ハンチ ..................................................... 54
4.4　壁の配筋 .............................................................. 54
　　4.4.1　地下外壁の縦差し筋 .............................................. 54
　　4.4.2　地下外壁のひび割れ制御 .......................................... 55
　　4.4.3　貯留槽壁の水平打継ぎ配筋 ........................................ 56
　　4.4.4　スリーブ配置の調整 .............................................. 57
　　4.4.5　壁の縦方向差し筋 ................................................ 57

|   |       | 4.4.6 先組み配筋 | 58 |
|---|---|---|---|
|   |       | 4.4.7 壁のひび割れ | 59 |
|   |       | 4.4.8 壁の開口隅角部のひび割れとその補強 | 60 |
|   |       | 4.4.9 腰壁・垂れ壁 | 62 |
|   |       | 4.4.10 耐震スリット | 63 |
|   | 4.5 | 大梁の配筋 | 63 |
|   |       | 4.5.1 大梁の応力 | 63 |
|   |       | 4.5.2 大梁主筋の定着 | 64 |
|   |       | 4.5.3 梁の断面計算 | 64 |
|   |       | 4.5.4 重ね配筋のあき確保 | 65 |
|   |       | 4.5.5 梁底のかぶり厚さ確保 | 66 |
|   |       | 4.5.6 梁側面のかぶり厚さ確保 | 67 |
|   |       | 4.5.7 ハンチの配筋要領 | 68 |
|   |       | 4.5.8 梁貫通孔 | 68 |
|   |       | 4.5.9 梁の鉛直打継ぎ補強 | 74 |
|   |       | 4.5.10 梁配筋の自主検査 | 74 |
|   | 4.6 | 小梁の配筋 | 75 |
|   |       | 4.6.1 小梁断面の位置 | 75 |
|   |       | 4.6.2 小梁の定着 | 75 |
|   |       | 4.6.3 小梁の方向確認 | 77 |
|   |       | 4.6.4 広幅の大梁をまたぐ小梁主筋の拘束 | 77 |
|   |       | 4.6.5 RC造壁下に小梁の有無 | 77 |
|   |       | 4.6.6 小梁成と梁貫通孔 | 77 |
|   | 4.7 | 床スラブの配筋 | 77 |
|   |       | 4.7.1 床スラブの構造形式 | 77 |
|   |       | 4.7.2 床スラブの構工法 | 78 |
|   |       | 4.7.3 スラブ筋の定着 | 79 |
|   |       | 4.7.4 スラブのひび割れ | 80 |
|   |       | 4.7.5 打継ぎ | 84 |
|   |       | 4.7.6 片持スラブの配筋 | 85 |
|   | 4.8 | 階段の配筋 | 88 |
|   |       | 4.8.1 片持階段の配筋 | 88 |
|   |       | 4.8.2 スラブ階段の配筋 | 89 |
|   | 4.9 | パラペットの配筋 | 89 |
|   |       | 4.9.1 ひび割れ誘発目地 | 89 |
|   |       | 4.9.2 水平打継ぎ面の施工 | 90 |
|   |       | 4.9.3 丸環に対する配慮 | 91 |

# 第5章 型枠工事　93

5.1 設計寸法の確保 ... 93
   5.1.1 コンクリートの天端高さ ... 93
   5.1.2 梁とPC板下端の隙間 ... 93
5.2 セパレーターの強度とかぶり厚さ ... 94

5.2.1　堰板とセパレーターの角度………………………………………………94
　　　5.2.2　セパレーターのかぶり厚さ………………………………………………94
　5.3　コンクリートの水平打継ぎ………………………………………………………95
　　　5.3.1　水平打継ぎの要点…………………………………………………………95
　　　5.3.2　床スラブと排水溝の高低差………………………………………………95
　　　5.3.3　建込み型枠の敷角取付け…………………………………………………97
　　　5.3.4　床スラブ型枠加工の作業床………………………………………………97
　　　5.3.5　水平打継ぎ面のせん断抵抗………………………………………………98
　　　5.3.6　柱コンクリートの沈降現象………………………………………………98
　　　5.3.7　打継ぎ面の窪み是正………………………………………………………98
　　　5.3.8　柱頭窪みの改善対策………………………………………………………99
　　　5.3.9　柱脚掃除と点検口………………………………………………………100
　5.4　コンクリートの鉛直打継ぎ……………………………………………………100
　　　5.4.1　打継ぎ部の位置…………………………………………………………100
　　　5.4.2　地中梁の仕切り型枠……………………………………………………101
　　　5.4.3　壁の仕切り型枠…………………………………………………………102
　　　5.4.4　梁の仕切り型枠…………………………………………………………103
　　　5.4.5　床スラブの仕切り型枠…………………………………………………104
　5.5　ノロ漏れ…………………………………………………………………………106
　5.6　支保工のゆるみ…………………………………………………………………107
　　　5.6.1　埋め戻し土の場合………………………………………………………107
　　　5.6.2　コンクリートスラブの場合……………………………………………107
　　　5.6.3　補助サポートを繋ぐ場合………………………………………………107
　　　5.6.4　サポートの脚部が傾斜している場合…………………………………107
　　　5.6.5　打継ぎ部のずれ…………………………………………………………107
　5.7　堰板のケレンと剥離剤塗布……………………………………………………109
　　　5.7.1　堰板表面の状態…………………………………………………………109
　　　5.7.2　堰板の剥離材塗布………………………………………………………110

## 第6章　コンクリート打設工事　　111

　6.1　打設計画…………………………………………………………………………111
　　　6.1.1　打継ぎ位置………………………………………………………………111
　　　6.1.2　打設計画書………………………………………………………………111
　6.2　打設準備…………………………………………………………………………111
　　　6.2.1　水平打継ぎ面の処理……………………………………………………111
　　　6.2.2　置きスラブ鉄筋に付着したノロの除去………………………………112
　　　6.2.3　レイタンスの除去………………………………………………………112
　　　6.2.4　落葉対策…………………………………………………………………113
　　　6.2.5　掃除口の点検……………………………………………………………113
　　　6.2.6　先送りモルタルの廃棄…………………………………………………114
　6.3　コンクリート打設………………………………………………………………114
　　　6.3.1　生コンクリートの受入れ検査…………………………………………114
　　　6.3.2　型枠内の水湿し…………………………………………………………115

|      |       |                                              |     |
|------|-------|----------------------------------------------|-----|
|      | 6.3.3 | 圧送管の支持 | 115 |
|      | 6.3.4 | 水平打継ぎ面のシヤーコネクター | 116 |
|      | 6.3.5 | コンクリート打継ぎ面の処理 | 116 |
| 6.4  | 部材ごとのコンクリート打設 | | 117 |
|      | 6.4.1 | マットスラブ・耐圧版 | 117 |
|      | 6.4.2 | 基礎のコンクリート打設 | 117 |
|      | 6.4.3 | 地中梁のコンクリート打設 | 118 |
|      | 6.4.4 | 壁のコンクリート打設 | 121 |
|      | 6.4.5 | 柱のコンクリート打設 | 122 |
|      | 6.4.6 | 梁のコンクリート打設 | 123 |
|      | 6.4.7 | 床スラブのコンクリート打設 | 125 |
| 6.5  | 打設中のにわか雨 | | 127 |

**参考文献** ... 128

**付　録**

1. 異形鉄筋の寸法，質量および節の許容限度（JIS G 3112–1987 年） ... 129
2. 鉄筋コンクリート有孔ばりのせん断補強に関する実験的研究 ... 130
3. はり貫通孔補強を工業化した SR スリーブ工法 ... 132
4. 部位ごとのスペーサー形状 ... 134

**おわりに** ... 137

# 第1章

## RC造の概要

### 1.1 鉄筋コンクリート構造

#### 1.1.1 構造上の概要

鉄筋コンクリートは，いうまでもなく英語のReinforced Concrete，すなわち「補強されたコンクリート」の意訳であり，RCと略称している。つまり，コンクリートは圧縮力には強いが引張力やせん断力には弱いという性質を持つ。RC造は，大きな引張力やせん断力が生じる骨組部分に鉄筋を有効に配してコンクリートの持つ弱点を補強した構造である。

図1.1-1 のように，RC造の骨組に鉛直および水平荷重が作用したとき，部材が曲げられる場合に生じる応力を曲げモーメントというが，その応力は，力($kN$)×距離($m$)となり$kN \cdot m$で表される。曲げモーメントが生じた部材断面の一方には引張応力が，他の側には圧縮応力が生じる。そこで，引張応力側に抵抗できるように補強筋を組み立てることを配筋するという。また，せん断力に対する補強筋として梁には肋筋（Stirup）を，柱には帯筋（Hoop）を主筋が座屈しないように一定の間隔に配筋する。これらの配筋を型枠で囲い，その中に生コンクリートを打設する。生コンクリートには余分な水と気泡が混入しているため，鉄筋とコンクリートを密着させるように締め固めたのち静かに硬化させ，所要の強度が発現されるまで養生してできた物がRC造である。

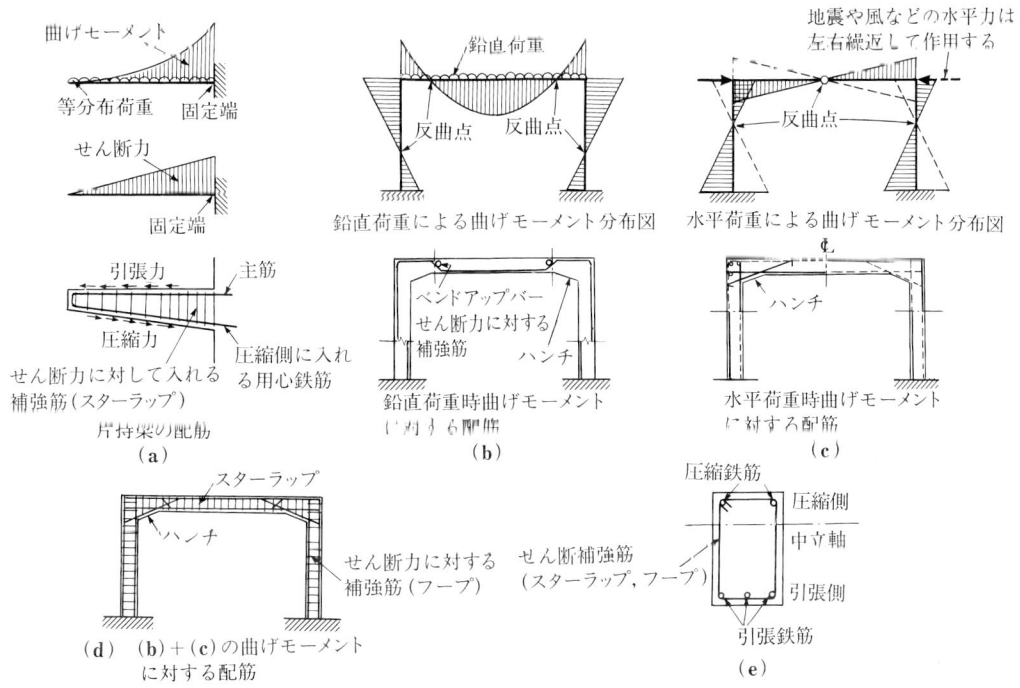

**図 1.1-1** 骨組の応力と配筋 [1]

## 1.1.2 特長

### (1) 耐火構造

コンクリートは火災にあっても燃えたり溶けたりはしないが,鉄筋は,1539°Cの高温で溶けてしまう。RC造は内部の可燃物に火がついて火災になることはあるが,その構造自体が燃えることはなく再利用できる。ただし,鉄筋を包むコンクリートの厚さを**かぶり厚さ**というが,これが少ない場合や,鉄筋のかぶり厚さを確保するために使用するバーサポートやスペーサーは,プラスチック製を使用した場合,融点が220〜250°Cと低いため鉄筋の温度が加熱温度と同じくらいまで上昇する。

プラスチック製のバーサポートを使用したハーフPC板が大きく変形した実験結果が報告されているが,ほとんどの高層RC造のマンションに採用されているハーフPC板の床スラブは,コストが安いプラスチック製を使用している。スパンが大きいハーフPC板の床スラブはスパンが4mの実験値より大きなたわみとなるため,火災階より上階を壊さなければクレーンの使用ができず,床スラブの再製ができなくなると危惧される。

### (2) 耐久的

鉄筋は空気中にさらされると錆びて膨張するが,アルカリ性のコンクリートにしっかり包まれていれば,内部の鉄筋は錆びずに100年ぐらいは保つといわれているから耐久的である。しかし,大気中の炭酸ガスの作用でコンクリート中の水酸化カルシウムが炭酸カルシウムに変化し,徐々にアルカリ性が失われてゆく。この現象をコンクリートの中性化といい,酸素を含む水分と炭酸ガスとの作用によって鉄筋が錆びるようになる。

鉄筋のかぶり厚さが小さい場合,中性化速度も速く,そこにひび割れ(Crack)があれば,鉄筋が錆びつきコンクリートが爆裂する。また,火災に遭えば熱により鉄筋の強度が下がって伸びてしまい床版や梁が大きくたわむ。適正なかぶり厚さを確保していれば耐久性は保たれる。

### (3) 耐震的

構造物の弱点は,部材の継手や仕口にあるといっても過言ではないが,RC造は柱・梁・壁および床スラブのコンクリートを連続して打設する一体構造であるため,従来の木造や組積造等では,到底得られなかった建物の一体性を発揮する。したがって,耐震的だといえる。

図1.1–2に示す(a)は柱頭ピン,(b)は柱頭固定の骨組に鉛直荷重と水平荷重が作用した場合の曲げモーメント図である。材端がピンの場合の最大曲げモーメントが$M_0$で,梁では張間(Span)の中央に生じ,柱では柱脚に$M_0$が生じている。

建物のある部分に荷重が作用した場合,その部材ばかりではなく,直接荷重を受けていない部材までが同時に働き,建物全体が協力して外力に抵抗するため常時の鉛直荷重に対してはもちろん,地震や暴風などの水平荷重に対しても丈夫な構造

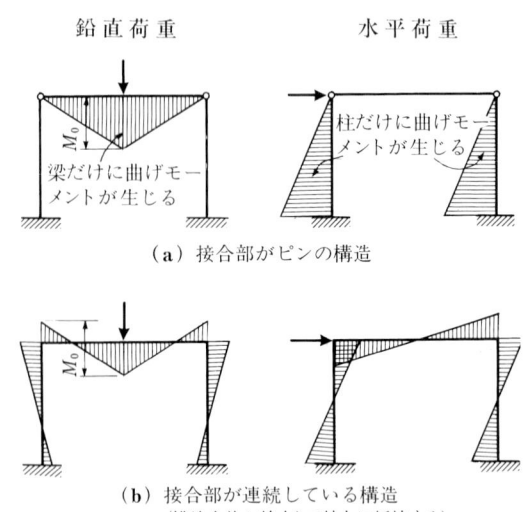

図1.1–2 柱頭の節点がピンと固定の応力図[1]

である。また,柱や梁と一体になったRC造の耐震壁をバランスよく配置すれば,非常に大きな耐震性を持たせることができる。

### 1.1.3 短所

RC造は，その重さに対して強度が案外小さい。自重が大きいことは鉛直方向の荷重ばかりではなく，地震力は重さに比例するため水平方向の荷重も大きくなることが最大の欠点である。そこで，高層の建物では，コンクリートの骨材に人工軽量骨材を使用した軽量コンクリートの躯体や，ボイドに発泡成形材を打ち込むハーフプレキャスト（H–PCa）板が使用されている例が多い。

## 1.2 RC造の材料

### 1.2.1 コンクリート

コンクリートは，セメント・砂・砂利・水を練り混ぜたもので，このほかにコンクリートを打設しやすくしたり，強度の発現を早めたり遅らせたりする等，目的に応じた混和剤（材）を添加することが一般的である。

コンクリートから砂利を抜いたものをモルタルといい，モルタルから砂を抜いたものをセメントペーストと呼ぶ。

コンクリートの強度は，セメント強度・水/セメント比（$W/C$）によって決まる。打設後1週間を経た日に試験体（テストピース）を，**写真1.2–1**に示すような圧縮試験機で破壊する直前まで圧縮して圧縮強度を測定し，4週強度の推定値が設計強度以上となることを予測できてから次の工程へ進むようにしている。また，4週強度の確認と，打設日ごとの強度管理を行って監督官庁に施工結果報告書を提出することになっている。

コンクリートの呼び方は**図1.2–1**のように表される。

**写真1.2–1** コンクリートの圧縮試験

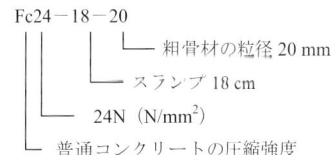

**図1.2–1** コンクリートの呼び方

### 1.2.2 鉄筋

鉄は**図1.2–2**に示すように，高さが100mもある高炉と呼ばれる溶鉱炉で，鉄鉱石・コークス・石灰石を原料として，炉の下から熱風を送りコークスを不完全燃焼させ，高温の一酸化炭素を鉄鉱石中の酸化鉄から酸素を奪い取る還元剤となって製造される。

高炉で造られた鉄は「銑鉄」と呼ばれ，不純物を多く含んでいるため各種の精錬炉で再び溶解され，用途に応じた鉄に造り直される。

鉄筋（異形棒鋼）のほとんどは電気炉で製造される。原材料は鉄屑（Scrap）が主で，160mm角程度のビレットを押し出し，灼熱炉で熱していくつもの圧延工程を経て製造される。

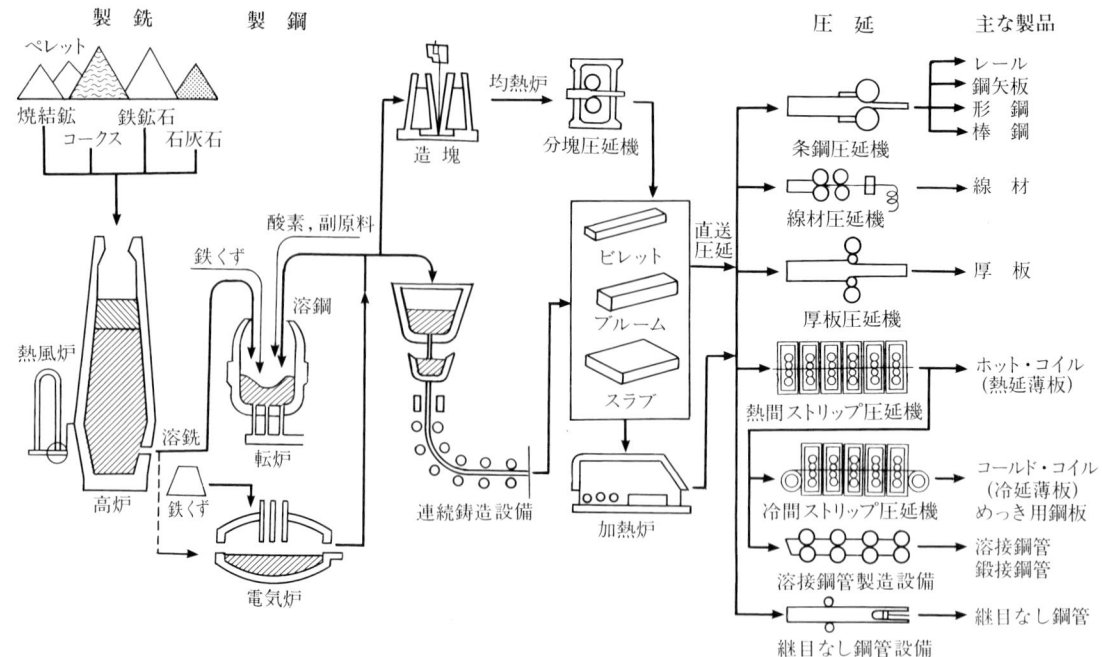

図 1.2–2 鉄鋼の製造工程[2]

## (1) 鋼の熱処理による性質

鉄をゆっくり加熱すると，ある温度で熱は吸収し続けるが温度は上昇しない奇妙な現象が生じる。これは結晶構造の組換えが起きることでエネルギーが費やされたためで，最初は763°C，2番目は910°C，3番目は1410°Cで起こり，最後は1539°Cで溶解する。鉄は温度により結晶構造が異なるカメレオン金属のひとつといわれる。

鉄に0.03～2.1％の炭素Cが含まれているものを鋼という。Cが0.4％以上含まれている高温の鋼を急激に冷却する「焼入れ」によって，その強度を増すことができる。鋼の熱処理にはこのほかに図1.2–3に示すように，材料をやわらかくするため，高温の鋼をゆっくりと炉の中で冷却する「焼きなまし」と，高温の鋼を元の材料の姿に戻す「焼きならし」がある。したがって，鉄筋に段取り筋やセパレーター等の仮設材を溶接すれば，急熱・急冷となり鉄筋の性質が変わってしまうため禁止されている。

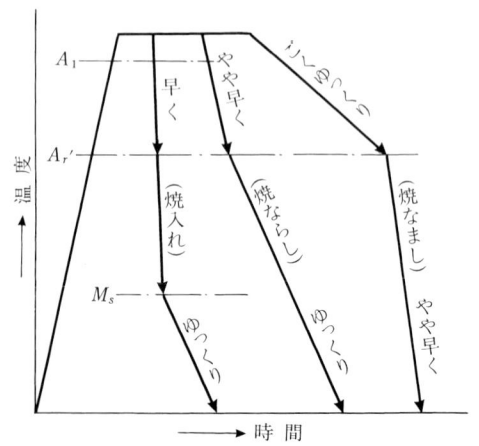

図 1.2–3 鋼の熱処理による冷却折線[2]

鉄筋を溶接する場合は，溶接長が40 mm以上連続して入熱した後で除冷すればよい。したがって，鉄筋の交点を溶接するのは避け，鉄筋ブレースの羽子板金物のように，フレアグルーブ溶接としなければならない。

## (2) 鉄筋コンクリート用棒鋼

日本工業規格（JIS）では，鉄筋コンクリート用棒鋼（JIS G 3112）と鉄筋コンクリート用再製棒鋼（JIS G 3117）の2品目が規定されている。鉄筋コンクリート用棒鋼にはSRとSDの2品種があり，SRとは

Steel Roundのことで丸鋼をいい，SDとはSteel Deformedのことで異形棒鋼のことをいう。異形棒鋼表面の突起は，コンクリートとの付着性能を増すために鉄筋の円周表面の軸線に対して，直角または斜めに付けられている。

異形棒鋼は，異形を表す「D」をつけた後に呼び名寸法で表され，その太さによってD6～D51に分類されている。再製棒鋼は，鋼材製造途中に発生する再製鋼材等を使用して製造された棒鋼で，SRRまたはSDRの記号が付けられている。直径13mm以下が主で，鉄筋としての使用は限られている。**付録1**に異形棒鋼の寸法・重量・節の許容限度を示す。

鉄筋には異形棒鋼の種類を区分する表示が，SD295Aを除き圧延マークで表示される。公的検査機関の中間検査では，現場に搬入された鉄筋の圧延マークを確認した写真の提出を求められるため，配筋する前に圧延マークを確認した写真撮影を忘れないようにしなければならない。

### 1.2.3 型枠

型枠は，コンクリートの設計強度が発現されるまでの期間まで必要な材料であるが，鉄筋・型枠・コンクリート・設備工事で職種が異なるため，鉄筋の台直し・かぶり厚さ不足・打継ぎ面の処理等の不具合が生じないためには，お互いに連携作業が必要である。

柱や壁の鉄筋を先組みした後で型枠を返す（塞ぐ）場合，鉄筋にスペーサーを支ってあっても鉄筋が型枠の墨に対して，かぶり厚さが少なく型枠が立てにくい場合は，**写真1.2-2**に示すように，型枠大工はスペーサーを勝手に叩き曲げたり外してしまうようである。このような場合は，鉄筋工に是正を依頼するように型枠大工を指導すべきである。

型枠大工と鉄筋工の人数にバランスを欠いている場合，壁筋を先組みして後から型枠を組み立てることになるが，開口部の補強筋が離れ過ぎていることが多く，ひび割れを誘発する恐れがある。また，柱の鉄筋は，型枠を組み立てる前に主筋の寄りやフープ筋の間隔を正しく整えておくことが重要である。鉄筋が傾いていても型枠大工は関係なく配筋の隙間にセパレーターを挿入し，型枠を外さない限り鉄筋の位置を是正することができなくなる。このようなことは梁や壁の鉄筋も同様である。

型枠を組み立てる前には，**写真1.2-3**に示すように，打継ぎ面のレイタンス除去や，水平打継ぎ面に窪みがないように是正する必要である。型枠を返す前には鋸屑・コンクリート屑・等のゴミをブロアーで吹き飛ばす作業が必要で，これを怠れば打継ぎ面に沿ったひび割れや雨漏りの原因となる。

写真1.2-2　勝手に曲げられた柱の鋼製スペーサー

写真1.2-3　高圧洗浄水による打継ぎ面のレイタンス除去

## 1.3 RC造の接合

### 1.3.1 鉄筋とコンクリートの付着

RC造は，鉄筋とコンクリートが互いに強度上の弱点を補うように組み合わさって外力に抵抗する複合材（Hybrid）であって，鉄筋とコンクリートが協力して一体となって抵抗するためには，互いが十分に付着して滑らないことを絶対的に必要とする。この鉄筋とコンクリートとの接触面に生ずる抵抗力を付着力という。

**図 1.3–1** の梁で，引張り側の鉄筋とコンクリートが十分に付着していれば，梁が曲がった場合に鉄筋は引張られ応力を生じ，引張り側のコンクリートにクラックが入ってからも引張

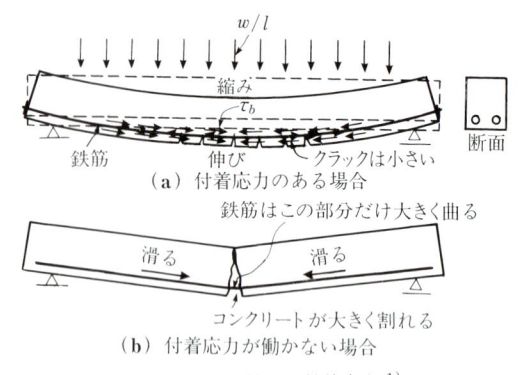

**図 1.3–1** 単純梁の付着応力[1]

応力を負担して，力の釣合いが保たれるため梁は非常に強い。しかし，付着力がなければ鉄筋は付着力を負担することもなく，梁の変形が増大するのに伴って滑っていくことになり，コンクリートにクラックが生じると，力の釣合いが保てなくなって破壊してしまう。これは無筋コンクリートと2本の鉄筋が別々に曲げられるだけであるから非常に弱い。そこで梁が強度を発揮するためには，鉄筋とコンクリートが一体になっていなければならない。そのためには鉄筋の滑りを止める付着力が必要である。

**写真 1.3–1** は，2002年1月24日の朝日新聞に掲載されたタワークレーンの倒壊事故である。この写真の下の方に，アンカーボルトの付着が切れて，アンカーボルトが基礎からズルズルと抜けている様子が判る。アンカーボルトは丸鋼をねじ加工する際に，切削機械の刃先が痛まないように油を垂れ流しながら加工するため，その油が軸部にも付着している場合が多い。加工メーカーも無知で無責任であるが，受入れ側の技術者が付着力を阻害する物質を除去して使用しなかったことが大事故の原因と考えられる。

鉄筋の付着力を阻害する原因には，次のようなことが挙げられる。

a. 鉄筋の定着テールが地面に接して泥が付着したまま配筋した場合
b. 地面が濡れている時に作業員の履物で，1階の梁筋やスラブ筋の天端に泥がついて汚れた場合
c. 基礎・地中梁および耐圧版の配筋が水没して，鉄筋の表面が白くなっている場合
d. 鉄筋が甚だしく錆びている場合
e. 鉄筋の表面に油・ペンキ・固まったコンク

**写真 1.3–1** アンカーボルトの付着力が切れて倒壊した大阪市で起きたタワークレーンの大事故

リートおよび型枠の剥離材が付着している場合
f. コンクリートの締固めが不十分なため，鉄筋の上部のかぶり部分に沈みクラックが発生した場合
g. コンクリート打設時にバイブレーターを 10 秒以上鉄筋に当て，鉄筋の周囲に水が集まった場合
h. コンクリートを打設後，セメントの終結時期に鉄筋へポンプクリートの振動が伝播した場合，等

### 1.3.2 鉄筋の定着

柱と梁の接合部では，梁の主筋を柱へ十分に定着しておかねばならない。定着長さは，部材の上下左右や内外の位置により異なる。また，コンクリート強度と鉄筋の強度の組合せや，鉄筋表面形状により異なるため，設計図により決められた長さ以上を確保しなければならない。

定着された鉄筋末端のテールが傾いて数本が重なり，コンクリートがそれぞれの主筋の周りに充填されないような配筋では，高い定着力は生じない。

図 1.3–2 は，梁の主筋を柱へ定着する場合における力の釣合いを示している。

(a)図は，片持梁の先端へ矢印の方向に集中荷重が作用した場合，片持梁上端の主筋とコンクリートの境界部分には，付着力 (Bond Stress) $\tau_b$ が生じている。柱へ梁主筋径の 40 倍の長さが定着されているため，梁と同じ付着力 $\tau_b$ が生じて釣り合っている。片持梁の上端には小さなクラックは入るが，荷重を除けばクラックは閉じる。

(b)図は付着力が不足している場合で，梁主筋の定着長さが短いため付着力が釣り合わず，鉄筋が滑って片持梁の柱面には，大きなクラックが入って荷重を除いてもクラックは閉じなくなる。

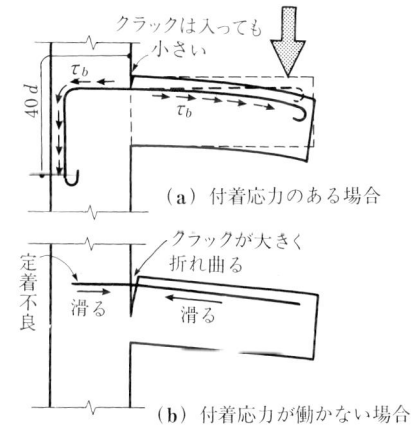

図 1.3–2 梁主筋端部の定着[1]

### 1.3.3 コンクリートの打継ぎ

コンクリートは 1 日に打設可能な数量の制約から，各層（階）ごとや各工区ごとに日を改めて打設するため，柱や壁は水平に，壁・梁・床は鉛直に打ち継がれる。しかし，構造設計は一体構造で応力計算がなされているため，コンクリートの打継ぎ部は鉄筋が繋がっていなければならない。

コンクリートを打設後に地墨が出て，鉄筋の位置が狂っていることに気がついて元の位置に急角度で戻す，いわゆる「台直し」が生じるような施工は，建物の強度を低下させるためコンクリートを打設する以前に，鉄筋が移動しないように対策を講じておかねばならない。

梁や床スラブは鉛直方向に打継がれるが，設計上の主筋は曲げモーメントに対して必要な鉄筋量である。後打ちされるコンクリートは乾燥収縮が生じることを考慮すれば，打継ぎ部には不足するせん断耐力を負担するせん断補強筋やひび割れの拡大を防ぐ配筋が必要と考えられる。

### 1.3.4 鉄筋の継手

#### (1) 鉄筋の継手の分類

RC 造に使用される鉄筋は，建物の大型化と超高層化にともない，太径化と共に高強度化している。鉄筋の継手には従来から一般に用いられてきた重ね継手・ガス圧接・重ねアーク溶接の他に，機械式継手や突合せ溶接継手等，図 1.3-3 に示すようにさまざまな種類の工法が開発されている。

#### (2) 重ね継手

重ね継手は，鉄筋とコンクリートの完全な付着力に頼っている継手である。図 3.1–4 に示す鉄筋に $T$ の

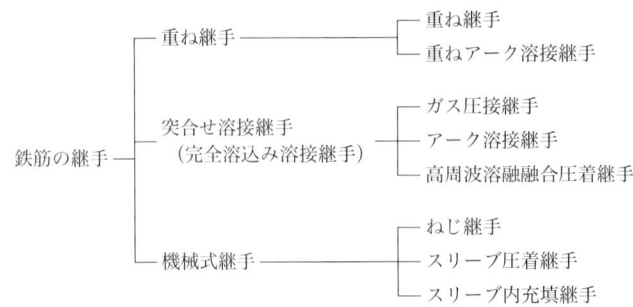

図 1.3-3 鉄筋継手の種類

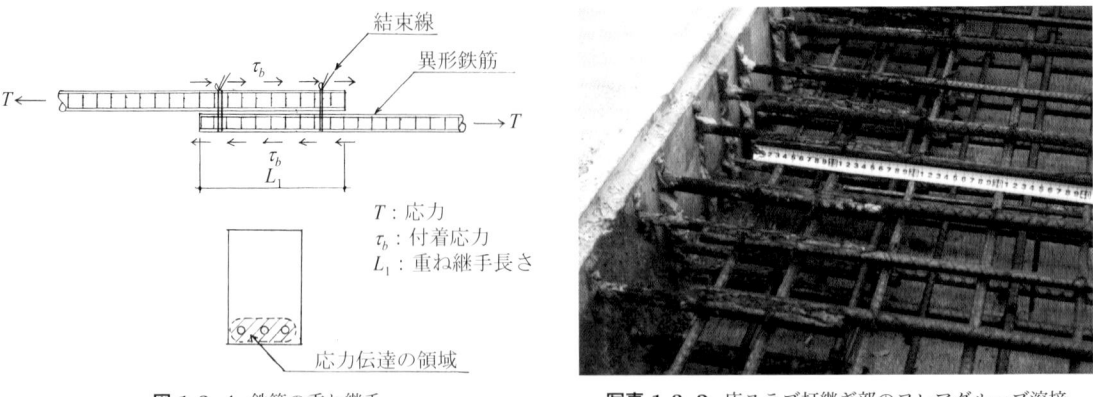

図 1.3-4 鉄筋の重ね継手 　　　写真 1.3-2 床スラブ打継ぎ部のフレアグルーブ溶接

引張力が作用した場合，付着力によって隣の鉄筋へ応力が伝達され，鉄筋の周囲には応力伝達の領域が形成される。

鉄筋の重ねアーク溶接は，フレアグルーブ溶接というが，主にSRC造の柱と梁が交わるパネルゾーンの梁ウェブを貫通するフープ筋の接合や，打継ぎ部の筋を接合する場合で $10d + 2d$ の溶接長さが必要である。床スラブ打継ぎ部鉄筋 D16 のフレアグルーブ溶接状況を**写真 1.3-2** に示す。

$$溶接長さ L \geq 160 + 32 = 192$$

### (3) 突合せ溶接継手

#### 3-1) ガス圧接

##### 3-1-a) 標準作業工程

ガス圧接継手は鉄筋端面同士を突き合せ，軸方向に圧縮力を加えながら突合せ部分を酸素アセチレン炎で加熱し，接合面を溶かすことなく赤熱状態にして膨らませて接合する。これを固相接合という。その際，圧接端面がシャー切断のままでは鼻曲がりやバリがあるため，(社)日本鉄筋継手協会が認定した鉄筋冷間直角切断器を使用して切断することを原則とする。それ以外の場合は，圧接端面に付着している錆・セメントペースト・ペンキ等の異物をグラインダーで取り除き，できる限り平坦に仕上げ，その周辺を軽く面取りしなければならない。突合せ面の隙間は，2mm以下となる状態で鉄筋を圧接機に取り付けなければならない。

加熱初期には，酸素よりアセチレンの量を20〜30％以上多くした強還元炎で圧接部を遮蔽し，脱酸しながら鉄筋の軸方向へ30 MPa以上の圧力をかけ続ける。端面が密着して小さなふくらみができるまでバーナーを動かさないで保持する。圧接技能者は着火からこの工程まで脇見をしてバーナーが絶対動いてはならない。この後は酸素とアセチレンガスの量が同じ中性炎として幅焼きを行い，所定のふくらみとなるま

で圧力をかける。圧接器は，圧接部の赤色がなくなってから取り外すようにして，折れ曲がりを防止しなければならない。

ガス圧接は，上記の標準作業工程を経れば原子の交じり合いが行われて健全な継手ができる。

### 3-1-b) 外観検査

ガス圧接は，(社)日本鉄筋継手協会の『鉄筋のガス圧接工事標準仕様書』を基本とするが，外観検査では補足するのが望ましい項目がある。外観検査で不合格となる欠陥には，① 片ふくらみ，② 割れ・過熱，③ 鍔形，④ へこみ・垂下がり，⑤ ふくらみ過大，⑥ 折れ曲がり，⑦ 圧接面のずれ，⑧ 偏心，⑨ ボルト痕，⑩ 潤滑油の飛散がある。

① 片ふくらみ

片ふくらみは，突き合せた鉄筋の端面が傾斜して隙間が多くなる場合，強還元炎の遮蔽がそれて酸化膜発生の原因となる。一方の端面が接触している方のみふくらみが**写真 1.3–3** に示すように大きくなる。

技量検定の判定基準 $H_1 - H_2 \leq d/5$
**写真 1.3–3** 片ふくらみ[3]

判定基準ではふくらみの平均が $1.4d$ 以上となっているが，鉄筋の中心から片側のふくらみ幅が $0.7d$ 以下は不合格としたほうが合理的と考えられる。

ふくらみが小さいほうは，ガス圧接の基本条件である加圧・加熱・圧接時間の一つである加圧が不足し，原子の移動・結晶粒の成長や酸化介在物の拡散が十分に行われていないと考えられる。破断面にはふくらみが小さい側にフラットが生じやすく，継手強度が低くなる。

② 割れ・過熱

幅が大きく深い割れが多数生じる場合は，火炎調整不良・過熱時間過剰・バーナー操作不良等が原因である。日本鉄筋継手協会が各地で実施している検定試験では，熟練者が行うガス圧接部には割れが現れない。

**写真 1.3–4** に示すように，No.1, 2 程度の小さな割れなら合格としているが，**写真 1.3–5** に示す No.3〜5 は割れ幅が大きく，母材近くにまで達する割れや，異形鉄筋の節やリブがなくなっている過熱は不合格である。

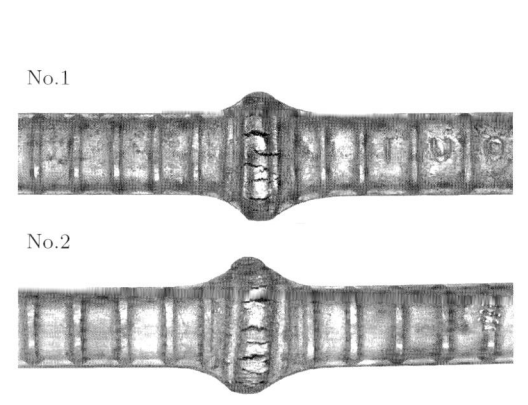

**写真 1.3–4** No.1, 2 [合格] の割れ[3]

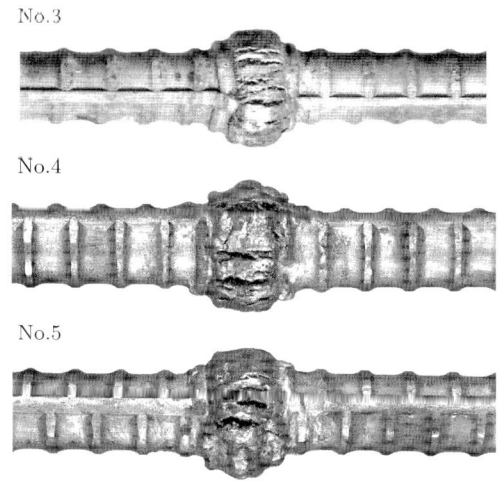

**写真 1.3–5** No 3〜5 [不合格] の割れ[3]

③ 鍔形

鍔形は，幅焼きが短く加圧力が過大な場合，**写真 1.3–6** に示すように，ふくらみの長さが不足すれば刀の鍔状となる。引張試験では応力集中により熱影響部から母材強度以下で破断するため不合格である。

写真 1.3–6 鍔形 [3]

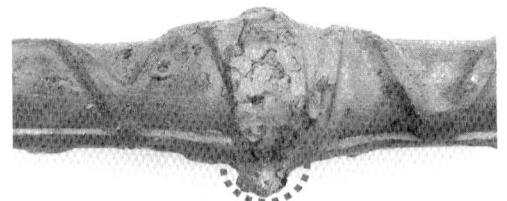
写真 1.3–7 垂下がり [3]

④へこみ・垂下がり

**写真 1.3–7** に示すように火炎調整が悪く，加熱時間が過剰で鉄筋を溶かしているため，バーナー側が火炎でえぐられてピットができ，溶滴を落して床に散らばっている場合がある。

垂下がりは，圧接部が溶融して滴下する直前に冷却した状態であるため，固相接合ではなく材質が変化し，母材強度の確保が危ぶまれるため不合格である。

⑤ふくらみ過大

ふくらみ過大は，材軸とのふくらみ勾配が立ってくるため，熱影響部に応力集中が生じて母材強度以下での破断が予想される。また，かぶり厚さが少なくなるため，コンクリートが引張応力時にひび割れ発生の起点となる。鉄筋の組立てに際し，スパイラルフープの通過が困難となり作業能率が下がる等の問題があるため，ふくらみの上限基準が必要と考えられる。筆者の現場では $1.4d$～$1.8d$ の範囲を合格としている。

ふくらみの大きさは，SD 490 をガス圧接で接合できるようになったため，鉄筋の材質により標準仕様書では**図 1.3–5** に示す基準がある。SD 490 以外の場合は，ふくらみを $1.4d$ 以上として上限を設けていないが，技量検定試験ではふくらみの最大径を $1.8d$，ふくらみの長さは $1.2d$ 以上としている。

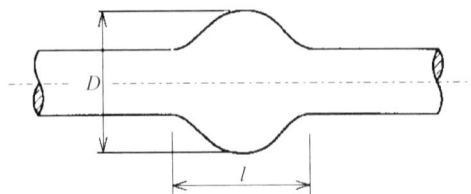

SD490 以外の場合
　圧接部のふくらみの直径　$D \geq 1.4d$
　圧接部のふくらみの長さ　$l \geq 1.1d$
SD490 の場合
　圧接部のふくらみの直径　$D \geq 1.5d$
　圧接部のふくらみの長さ　$l \geq 1.2d$
　　$d$：異形棒鋼の呼び名に用いた数値

図 1.3–5 ふくらみの基準 [3]

⑥折れ曲がり

折れ曲がりは，圧接後に赤色が消える前に圧接器を取り外した時に生じる。折れ曲がりがあれば鉄筋のかぶり厚さが一定にならず過不足が生じる。

引張応力が生じた場合に鉄筋が直線になるためコンクリートにひび割れが発生する。技量検定試験では折れ曲がり角度が $2°$ を超えれば不合格である。**写真 1.3–8** に示す折れ曲がり角度が $2°$ である。

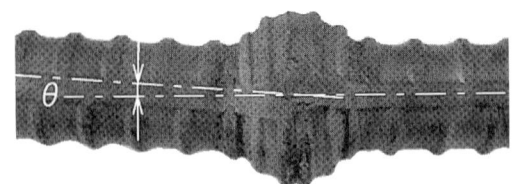
写真 1.3–8 折れ曲がり角度 $2°$ [3]

⑦圧接面のずれ

圧接面のずれは**写真 1.3–9** に示すように，ふくらみの頂点が圧接面からずれている場合である。バーナーの加熱中心が圧接面からずれると，圧接面が十分に加熱されないため強度が低くなり，破断の原因になりやすい。

⑧偏心量

**写真 1.3–10** に示すように，鉄筋中心軸の偏心量 $e$ が $d/5$ 以上は不合格である。

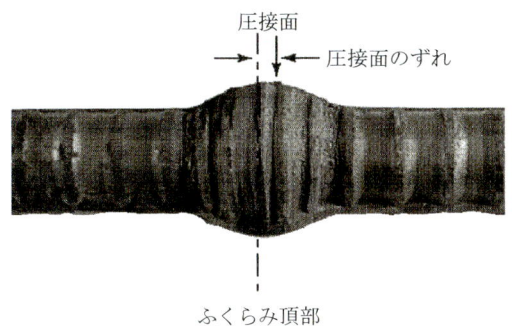

**写真 1.3–9** 圧接面のずれ[3]

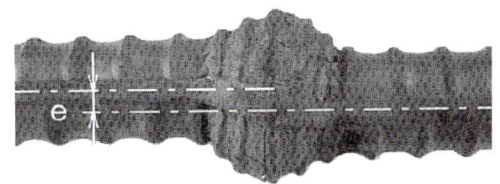

**写真 1.3–10** 鉄筋中心軸の偏心[3]

⑨ ボルト痕

ボルト痕はチャック瑕(きず)とも呼ばれ，判定基準の項目にはないが，はなはだしい瑕は不合格とする。圧接器を取り付ける締付けボルトの先端が，鉄筋に深く食い込んだ跡が表面に現れた瑕である。

『鉄筋継手部外観検査マニュアル（案）』[3]では，**写真 1.3–11** (a)～(c) に示す程度の瑕は，引張強度には影響しないものと判断できる，としている。この写真はボルト痕の一例を示したものであり，実際の現場施工においては，リブ部での締付けを行ってはならないと断っている。

公的試験場で一時期，チャック瑕破断の確率が多いため問題となり，工事現場に対してアンケート調査が行われた。調査の結果，締付けねじの先端形状がスパイク形の破断率が少ないことが判明している。

⑩ 潤滑油飛散

**写真 1.3–12** に示すように，鉄筋に油が飛散した状況である。圧接器の締付けねじが焼けて固くなるため，始業前に締付けねじを油に浸(つ)けてセットする習慣があり，ねじ山間に溜まっている潤滑油がバーナーの火炎で吹き飛ばされ，付近の鉄筋に付着する。油が付着した鉄筋は付着力が低下するためガスで焼かねばならないが，締付けボルトにはグリースを使用するように指導しなければならない。

**3–1–c）圧接端面の隙間方向**

ガス圧接端面のグラインダー加工は，未熟な手元（職人）が行っている場合が多い。両端の直角度が悪い場合は**写真 1.3–13** に示すように，突き合せた鉄筋端面の隙間が2mmを超えた時や，**写真 1.3–14** に示すように，ガス圧接作業を行う場

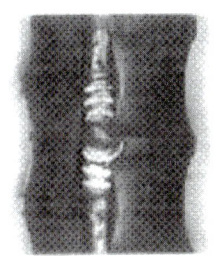
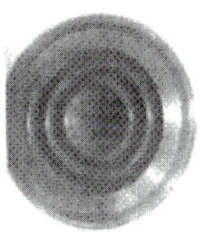

(a) 二重リング型

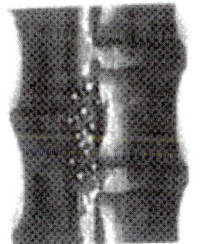
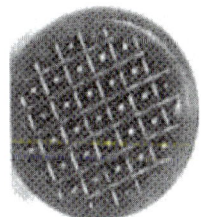

(b) スパイク型

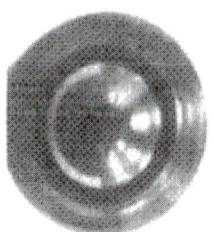

(c) ボール型

**写真 1.3–11** 比較的ボルト痕の少ない締め付けボルトの 例[3]

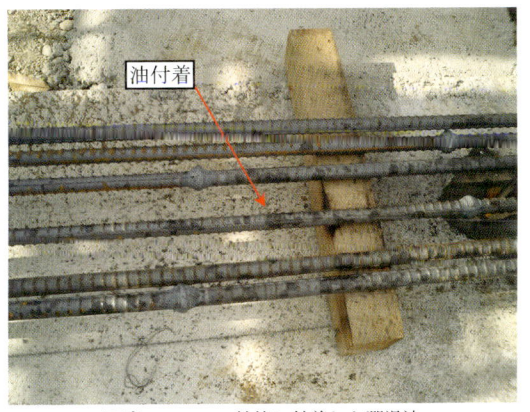

**写真 1.3–12** 鉄筋に付着した潤滑油

写真 1.3–13　圧接端面の隙間過大　　　　　写真 1.3–14　限定される圧接作業位置

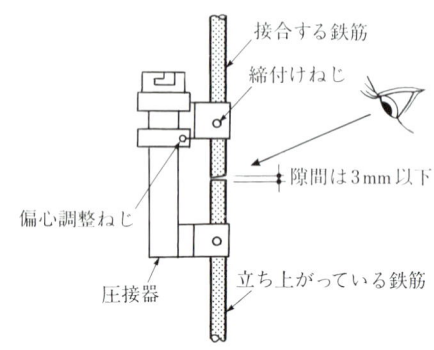

写真 1.3–15　下側主筋の機械切断　　　　　図 1.3–6　圧接端面の隙間方向

所が限定されて，ガス圧接技能者から見えない裏側部分で，圧接端面が強還元炎から中性炎に移行した時に，強還元炎の遮蔽が外れ酸素が流入して酸化膜ができる可能性がある。

　ガス圧接技能者が作業する側と反対側が下がり勾配とならないように注意し，**図 1.3–6** に示すように，下から立ち上がっている主筋の端面に眼の高さを合わせ，水平にグラインダーで加工する。接合する主筋の隙間が，圧接技能者から見える方向にセットする。日本鉄筋継手協会の『鉄筋のガス圧接工事標準仕様書』では，圧接する鉄筋の端面は，「鉄筋冷間直角切断器を使用して切断することを原則とする」と規定されているため，**写真 1.3–15** に示すように，下側の鉄筋は直角切断機で水平に切断し，接合する上の鉄筋の隙間が見える方向にセットする。

### 3–2）アーク溶接継手

　アーク溶接継手は，鉄筋端面と溶接棒との間に発生させたアーク熱により，鉄筋と溶接棒を溶解し，鉄筋同士を溶着金属で接合した溶接である。

　アーク溶接工法には，鉄筋を重ねた自然開先を溶接するフレアグルーブ溶接があるが，太径鉄筋では**表 1.3–1** に示す種類がある。

　突合せ溶接には，鉄筋端部に開先を設けて鋼製・銅製またはセラミック製の裏当て材を装着して，アーク溶接する継手もある。鋼製裏当て材は鉄筋に溶接されてしまうが，銅製裏当て材は溶接後に取り外して再び使用することができる。

　突合せ溶接継手を**写真 1.3–16** に示す。この溶接継手は溶接技能者の技量に左右される割合が多く，技量付加試験において試験片が切断や破断することが多いため，採用に当たっては**写真 1.3–17** に示すよう

表 1.3–1 高強度鉄筋の A 級冶金継手（SD 490 以上の場合）[4]

| 分類 | 工法名 | 使用鉄筋の種類 | 継手形状 | 備考 |
|---|---|---|---|---|
| ねじふし・棒ふし 溶接継手 抵抗継手 | NKF 溶接継手工法 日本鋼管工事(株) フラッシュ溶接 | BCJ-C1908 (D35〜D41) D51 建物ごとに認定要 | | — |
| ねじふし・棒ふし 溶接継手 突合せ溶接 | NKE 溶接継手工法 日本鋼管工事(株) $CO_2$ 溶接 | BCJ-C1722 (D25〜D41) | | ガスシールドが必要 |
| | 溶接継手工法 神鋼溶接サービス(株) $CO_2$ 溶接 | BCJ-C1253 (D19〜D41) | | ガスシールドが必要 |

写真 1.3–16 突合せアーク溶接継手

写真 1.3–17 突合せアーク溶接技量付加試験

に実際の作業姿勢で技量付加試験を実施して，合格者のみに接合してもらうほうが安全である。

### 3-3) 高周波溶融融合圧着継手

本工法は「TK 工法」と称し，写真 1.3–18 に示すように，接合する鉄筋両端部の外側に，加熱コイルを巻き付けたセラミックス製鋳型を挿入し，高周波誘導加熱装置により継手部を加熱・溶融すると同時に，圧着装置により圧着して鉄筋を接合する。

使用機材は，高周波誘導加熱装置・圧着装置・自動コントローラー・プリンターおよび水冷循環装置によって構成され，鉄筋端部に直接取り付ける治具として，加熱コイルを巻き付けたセラミックス鋳型が用いられる。

一連の融着作業は，すべてコンピューター制御によって行われ，加熱時間・加圧時間等を設定して，縮み代および加圧等の判定基

写真 1.3–18 TK 工法[5]

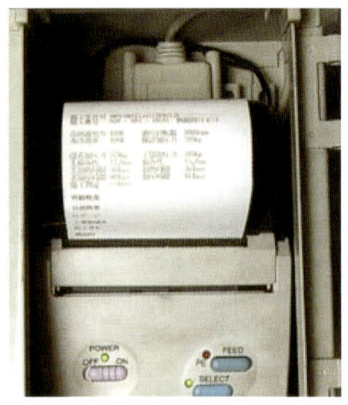

写真 1.3-19 施工記録プリンター[5]

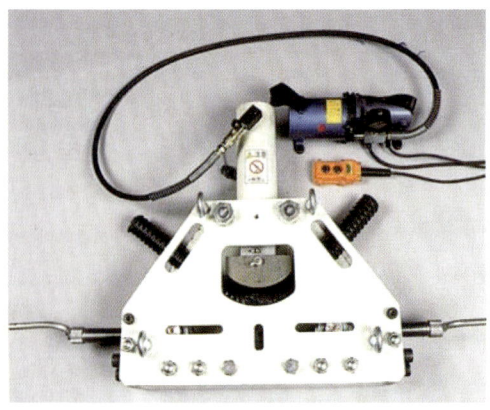

写真 1.3-20 施工前曲げ試験[5]

準と実績が出力される。継手作業中には，モニター画面に設定値または判定基準と実績値が表示され，すべての実績が判定基準を満足した場合に総合評価が合格と表示される。1項目でも満足しない場合は不合格と判定され**写真 1.3-19** に示すように，プリンターにも出力される。継手施工記録はすべてメモリーカードに保存される。使用機器と設定条件を確認するため，**写真 1.3-20，21** に示すように，現場施工前には，鉄筋径または鉄筋種別が変わるごとに3本の曲げ試験を行う。融着作業の合否は，継手施工記録と外観を目視検査により判定する。

写真 1.3-21 曲げ試験片[5]

本工法の特徴は次のとおりである。

a. 現場で継手の曲げ試験と外観検査による徹底した品質管理を行うため，超音波探傷試験が省略できる。
b. コンピューター制御による融着作業の完全自動化によって，作業者の技量に帰属する継手品質のバラツキを排除できる。
c. セラミックス鋳型を介して鉄筋を加熱するため，鋳型の保温効果により継手表面が除冷される。したがって，表層部の硬化が小さいため表面切欠きがない。さらに，溶着部から排出された不純物が溶融分散するため，良好な曲げ性が得られる。
d. 高周波誘導加熱法は，ガス圧接工法に比べて風の影響を受けにくく，強風による作業中断がなく工期が短縮できる。
e. 使用機器が小型で，狭いところでも作業が可能である。
f. 融着作業時間が短く，ガス圧接の1/2〜1/5と作業能率が高い。
g. 継手の大きさが $1.3d \times 30\,\mathrm{mm}$ 以下と非常に小さく，帯筋や肋筋の配筋が容易である。しかし，現在は消費電力が大きいことから余り採用されていないようであるが，素晴しい継手工法である。

### 3-4）機械継手

鉄筋工事の合理化が進み，部材の鉄筋を先組みして接合する場合や，プレキャスト部材を接合する工法の改善を行うため，天候の影響を受けにくい**表 1.3-2** に示すような機械継手が普及してきた。機械継手には，① ねじ継手，② スリーブ圧着継手，③ スリーブ内充填継手，④ 併用継手，その他があり，現在公表されている工法は40種類近くもあるが，継手に要する時間・管理方法・コスト等から，普及するには至ら

表 1.3-2 高強度鉄筋の A 級機械継手の分類と概要（SD 490 以上の場合）[4]

| 分類 | 工法名 | 使用鉄筋の種類 | 継手形状 | 備考 |
|---|---|---|---|---|
| ねじふし 鉄筋継手 グラウト注入型 | エポックジョイント 東京鉄鋼(株) 有機グラウト材 | BCJ-C2227-SD490 BCJ-C2188-SD685 (D19～D51) 建物ごとに認定要 | | 先組工法，在来工法および PCa 工法に対応。締付不要，有機グラウト材を注入耐火制限あり（2 時間耐火構造：かぶり 6 cm 以上，3 時間：8 cm 以上）。 |
| | エースジョイント 東京鉄鋼(株) 無機グラウト材 | BCJ-C2140-SD490 BCJ-C2188-SD685 (D19～D51) 建物ごとに認定要 | | 先組工法，在来工法および PCa 工法に対応。ロックナット仮締め後，無機グラウト材を注入。 |
| | フリージョイント 東京鉄鋼(株) 有機・無機グラウト材 | BCJ 評定-RC0112-01 (D19～D51) 建物ごとに認定要 | | ねじピッチ合わせが不要なため，梁 PCa 工法の高能率で作業ができる。固定鉄筋の接合に適している。 |
| ねじふし 併用型鉄筋継手 モルタル硬化とねじ定着 | KN スリーブ継手 (株)神戸製鋼所，日本スプライススリーブ(株) | BCJ-C2141-SD490 BCJ-C2141-SD685 (D29～D51) 建物ごとに認定要 | | PCa 工法のねじふし筋と棒ふしの場合に対応。 |
| ねじふし ねじ工夫型鉄筋継手 両側面の右ねじ状ふし | DS ネジバー ダイワスチール(株) 無機グラウト | BCJ-C1881 (D16～D51) | | |
| 棒ふし 摩擦圧接端部接続継手 ロックナット締付け型 | G ジョイント 合同製鉄 | BCJ-C1965 (D32～D41) | | — |
| ねじふし 鉄筋端部部品接続継手 モルタル充填型 | FD グリップ | BCJ-C1906 (D22～D51) | | ミリねじの接合方式。 |
| ねじふし・棒ふし 鋳鉄製管内充填継手 モルタル充填型 | NMB スプライススリーブ U-X タイプ 日本スプライススリーブ(株) 無収縮セルタル | BCJ-C1946 (D16～D41) | | 柱 PCa 工法に対応。 |
| | トップスジョイント 東京鉄鋼(株) 無収縮モルタル | BCJ-C1964 (D19～D41) | | ガタがある分，挿入が簡単 柱 PCa 工法に対応。 |
| | ボルトップス 東京鉄鋼(株) 無収縮モルタル | BCJ-C2271 (D19～D41) | | 鋼管のスリム化を図り，狭隘な鉄筋間隔の場合に対応，ボルトにて鉄筋を固定できるため，先組工法に対応。 |
| ねじふし 鉄筋端部部品接続継手 端部定着金物型 | プレートナット工法 東京鉄鋼(株) 有機・無機グラウト | BCJ-C2280 (D16～D41) | | 柱・梁接合部の納まりを簡素化できるアンカー筋と同等の定着強度を確保できる。 |

なかった工法もかなりある。

### 3-4-a) ねじ継手

ねじ継手には，異形鉄筋の節をねじ状にロール成形したねじ節鉄筋と，異形鉄筋に雌ねじ加工した鋼管スリーブを圧着加工し，ミリねじボルトで接合する方式である。

異形鉄筋は軸と平行に 2 本のリブと直交または斜め方向の節が付いているが，ねじ節鉄筋にはリブがなく節だけである。この継手はねじとカプラーの間に隙間があるため，カプラーとのねじ締付けの後，性能を得るため次の方法がある。

写真 1.3–22 ねじ鉄筋継手の引張試験

写真 1.3–23 ねじ継手の破断事故例

a. カプラーの両端にロックナットを装着し，締付けによるトルク値で管理する。
b. カプラーの両端を締め付けた後，カプラー中央孔よりモルタルまたは樹脂を注入し，カプラーの上下より注入材が漏れ出たことを確認する。

ミリねじ継手は，片側の鉄筋を回転させることが可能な場合と，鉄筋の回転が不可能な場合にはターンバックル方式で接合する工法がある。

機械式継手は，A級継手の評定を取得しているが，ロットによっては鉄筋よりカプラーが弱い製品もあるため，ミルシートの確認はもちろんのこと，H.T.Bのようにロットごとに抜き取り，**写真 1.3–22**に示すように引張試験を行うことが必要と思われる。**写真 1.3–23**はアーチ橋工事中の落橋事故例であるが，基礎に打ち込まれた鉄筋と1回目の継手はガス圧接とし，2回目の継手をねじ節鉄筋で接合している。この例では，ガス圧接は熱影響部で数本破断しているが，大部分は健全な継手である一方，ねじ継手はカプラーがすべて破断している。

### 3–4–b) スリーブ圧着継手

接合する鉄筋端部に鋼管スリーブをかぶせた後，このスリーブを油圧力とダイスを用いて鉄筋の節に食い込ませて接合する。この工法には，ダイスを少しずつ移動させて数回断続的に圧着する方式と，スリーブを鉄筋に絞り込むように連続的に圧着する方式がある。

連続的に絞る工法は，鋼管スリーブの外径とダイスとの摩擦力を低減するため，マトン油を塗ったゴム手袋で鉄筋を握ってセットするため，鉄筋表面の付着力が低下する恐れがある。

### 3–4–c) スリーブ内充填継手

接合する鉄筋端部に鋼管スリーブをかぶせた後，**写真 1.3–24**に示すように，鉄筋とスリーブ間に高強度モルタルを注入して接合する。

この工法はプレキャスト部材の接合で，誤差を吸収できるようにスリーブの内径を主筋径より20 mm程度大きくして鉄筋を挿入し，隙間にフロー値が大きい高強度モルタルを注入する。

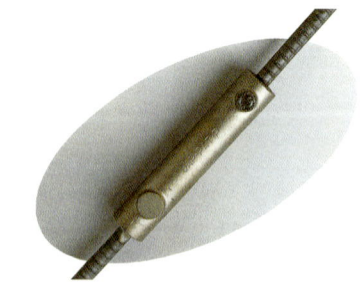
写真 1.3–24 スリーブ内充填継手[6]「トップスジョイント」

# 第2章 杭工事

## 2.1 既製コンクリート杭

### 2.1.1 既製コンクリート杭の種類

現在使用されている既製コンクリート杭の主なものは，**表 2.1-1** に示すとおりである。

**表 2.1-1** 既製コンクリート杭の種類[7]

| 分類 | 名称 | 略称 | JIS (2004) | 区分 | 備考 |
|---|---|---|---|---|---|
| 構造種別 | 鉄筋コンクリート杭 | RC杭 | A 5372 | I類[*2] | |
| | プレストレストコンクリート杭（PC杭） | PHC杭[*1] | A 5373 | I類 | JIS 強化 PHC 杭を含む |
| | 鋼管複合杭 | SC杭 | A 5372 | II類[*3] | |
| | プレストレスト鉄筋コンクリート杭 | PRC杭 | A 5373 | II類 | コピタ型 PRC 杭を含む |
| 形状 | 先端拡径プレストレストコンクリート杭 | ST杭 | A 5373 | I類 | |
| | 節付きプレストレストコンクリート杭 | 節杭 | A 5373 | II類 | |

[*1] プレストレストコンクリート杭のうち，遠心力締固めによる製造の杭は PHC と表示する。
[*2] I類：製品の性能を満足することが，実績によって確認された仕様に基づいて製造される製品で，附属書に推奨仕様が示されているもの。
[*3] II類：受渡当事者間の協議によって，性能および仕様を定めて製造される製品。

施工法は**図 2.1-1** のように分類され，国土交通省が指定した評価機関でその性能が評価された工法について，各種試験結果の提出を不要とした「図書省略」の指定書および建築基準法に適合することを示す認定書を発行している。建築主事は，この認定書によって審査を行うことになる。なお，旧建築基準法第 38 条に基づく大臣認定工法が 2003 年 5 月 31 日で失効しているが，これらの工法も一般的には「認定工法」

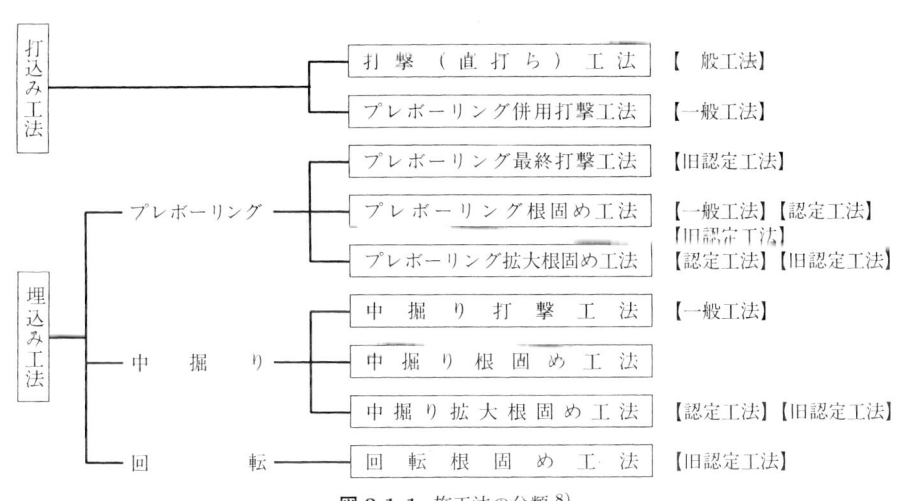

**図 2.1-1** 施工法の分類[8]

と称している。

　設計・監理者は，既製杭工法の特徴を理解して，地盤と環境に合った最適の杭種と工法を選択しなければならない。しかし，多くの組合せがあるため設計・監理者にとって未経験の工法を採用する場合がある。既製コンクリート杭のトラブル対策については，(社)コンクリートパイル建設技術協会発行の『既製コンクリート杭の施工管理』に① 概要，② 発生状況，③ 原因，④ 対策，⑤ トラブルから得た教訓が，わりやすく述べられているので，このような関連図書から事前に予備知識を得ておくことが望ましい。ここでは耐震的な杭を施工するための注意事項を述べる。

### 2.1.2 杭施工管理技士の自主管理

　杭の設計は，地質調査報告書の内容を検討して建物の規模に応じ，支持層に対する杭の種類と工法の中から，コストを考慮した選択をして安全な設計を行う。しかし，施工法については，設計者が未経験の場合もあるため，**写真 2.1–1** に示す「杭施工管理技士」の認定資格証を取得した資格者が自主管理することが重要である。

　杭施工専門工事業者の団体で，(社)コンクリートパイル建設技術協会（通称COPITA）は，「良質な工事を円滑かつ安全に施工するために，必要な知識と技術の向上を図ることを目的」とし，2000年10

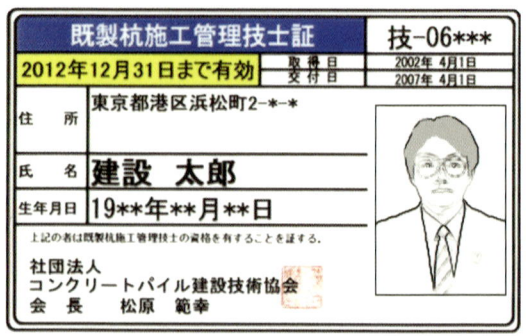

写真 2.1–1　杭施工管理技士認定資格証

月に第1回の試験を実施し，2007年で8回目となる。これまでに1044名の資格者を世に出しているので，設計図書には「杭施工管理技士」を指定するように特記しておくことが，耐震性のある杭を施工するには重要である。

### 2.1.3　杭の材料検査
#### (1)　ノロ漏れ跡の有無

　杭工事の規模が大きい場合は，本工事の製品が設計仕様どおりであることを確かめるため，工場へ出向いて原材料の試験成績書や製品の精度を検査する。検査後は，工場内での製造工程やストックヤードの製品に，メタルフォーム継ぎ目のノロ漏れで生じた砂筋や補修跡がないかを観察することによって，その工場の品質レベルが判る。

　既製コンクリート杭は，スランプが0に近い固練りのコンクリートを山盛り状態でメタルフォームをかぶせ，高速回転による遠心力でコンクリートの締固めを行うため，わずかな隙間からノロ漏れが生じる。また，コンクリートがフープ筋の周囲に充填される前に高速回転するため，主筋との結束間隔が粗い場合や緩んでいればフープ間隔が乱れる場合がある。

#### (2)　杭中空部の内径検査

　コンクリートの投入量が多い場合は中空部の断面積が小さくなるため，中掘り工法や杭先端打撃工法の場合は，杭内面との摩擦が大きくなり回転や落錘の動力伝達に支障を来たす場合がある。また，継ぎ杭の端面は密着しなければならないため，**写真 2.1–2**，**写真 2.1–3** に示すように端面の処理が悪く，コンクリートの突起が残っている場合がある。現場に搬入された杭材にこのような欠陥を発見した場合は工場の責任者を呼び，以降に搬入される製品の出荷検査を厳しく行うように指示しなければならない。

写真 2.1–2 杭端面に残ったコンクリートの突起

写真 2.1–3 杭中空部の内径確認

### 2.1.4 通り心の検査

建物の位置を決める通り心は，敷地境界・増築または隣接建物と関連する距離が正しく配置されなければ支障を来たすため，建物の通り心を遣方へ正確に墨を出す。しかし，現場では地盤の高低差や障害物がある場合，通り心を逃げて出さなければならないため，逃げ寸法が正しいか否かを第三者の目で検査しなければならない。

通り心の逃げ寸法を取り違え，増築建物や隣接建物との寸法を間違えて施工した結果，杭や基礎の施工をやり直した例がある。独立基礎や布基礎の根伐工事のままでは，機材の搬入や杭の施工が不可能であり，埋戻し後の再施工となるため，工期の遅延や無駄な工事費が浪費されることになる。したがって，墨出しをした以外の人の目で必ず検査をしなければならない。

建物の高さも制限があるため，床付けの深さも併せて検査を怠らないようにしなければならない。

### 2.1.5 試験杭の施工

#### (1) 杭の貫入目盛

試験杭は基礎杭の施工に先立ち，あらかじめ実施された地質調査資料に基づき，設計された杭工法とその施工法の妥当性を確認するために実施される。試験杭施工の当日は，まず遣方の逃げ寸法・通り心と杭心の寸法・施工地盤と GL の確認を行った後で開始する。構造技術者と関係者が立ち会って施工中の情報を収集した後で杭長の決定を行う。試験杭は本杭より 1〜2 m 長い杭を使用する設計とし，あらかじめ 1 m ごと，杭頭は 0.5 m ごとに目盛りを付け，杭の貫入深さが判るようにする。

#### (2) 支持層の深さと杭長

試験杭の施工位置は，ボーリングの近くで 1 本を施工し，地質調査報告書および標本との照合を行い，地層ごとのレベル差を確認する。杭長を決定するには，限られたボーリング孔のみでは支持層の変化を想定することが困難なため，ボーリングの中間点で試掘し，建物全体で杭長を変える区間を決定しなければならない。試験杭の施工中は，**写真 2.1–4** に示すように，地層ごとの電流計の変化と工程ごとの所要時間を，現場で同時に監視し記録できるソフトを開発しているメーカーもある。そのほか，地下水の

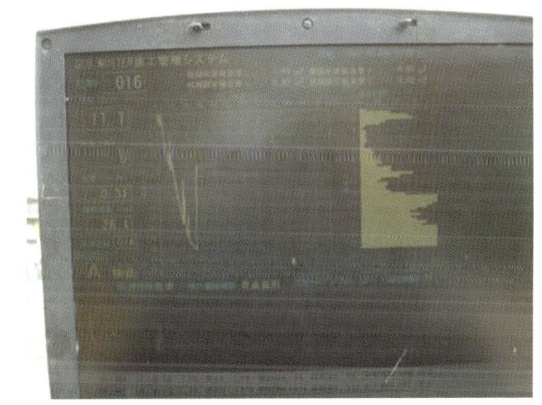
写真 2.1–4 電流計の測定モニター画像

影響がないかを注意深く観察する。

試験杭を施工した結果，計画の内容に変更を要する場合は，関係者が協議のうえ計画の見直しを行う。請負者・杭施工業者・工事監理者のそれぞれが変更の内容を確認し，その対応準備が整ってから本杭の施工に着手する。杭長が変更になった場合でも地震時の杭頭曲げ応力は変わらないため，継ぎ杭の場合は耐震的には杭長の編成を中杭で調整しなければならない。

### (3) 継ぎ杭と溶接

継ぎ杭を施工する場合は，下杭の鉛直性を確保し，中杭・上杭の端面が密着するように建て込み，ボルトや溶接により継手を施工する。溶接継手の場合は，あらかじめ溶接技能者の資格証の顔写真に照らして本人確認を行い，溶接後の外観検査では，ビード不整・割れ・アンダーカット・ピット・余盛り不足等の溶接欠陥の有無を確認する。

端板式の溶接継手では開先角度が約30°前後で，のど厚によりメーカーの標準パス数がカタログ等に掲載されているが，端板の表面まで溶接ビードが届かず開先が見えている場合は，のど厚不足とアンダーカットと判定し，余盛りをしないとビード始端に応力集中が生じるため耐震的ではない。

溶接直後に杭を泥水中に挿入するため，溶接部の強度に悪影響を及ぼさない温度が200°C以下となるのに，約3分前後を要するとの実験結果が**図 2.1–2** に示すように報告されている。したがって，溶接後はスラグを除去して入念に外観検査を行い，補修を行った後も放置して除冷しなければならない。

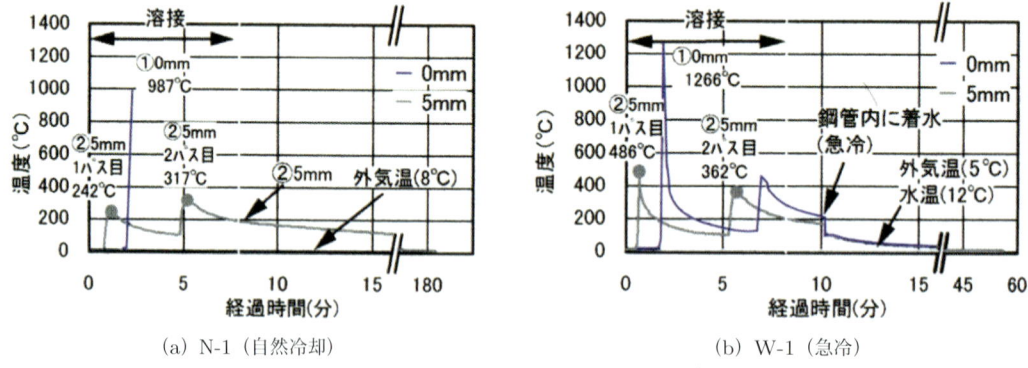

(a) N-1（自然冷却）　　　　　　(b) W-1（急冷）

**図 2.1–2** 溶接継手部の溶接温度変化曲線 [9)]

### 2.1.6 基礎杭の施工

試験杭の施工で得られた情報をもとに，杭長の変更や杭先端の補強を行った杭が現場に搬入された時点で入念に受入れ検査を行い，基礎杭に使用して問題がない材料であるか否かを確認する。

施工済みの杭は，杭周固定液や根固め液の養生期間を確保するため，次に施工する杭は離れた場所へ段取り替えで移動する。その際，杭の位置を示す標示杭が移動する場合があるため，施工杭の位置は複数の標示杭から位置を求め，**写真 2.1–5** に示すように1.5m程度離れた位置に逃げ杭を打ち込み，施工中も杭の位置をバカ棒で確認できるようにする。

**写真 2.1–5** 逃げ杭からの杭心測定

## 2.1.7 杭頭天端高さの精度

打込み工法の杭頭は，支持層への貫入深さが規定されていても，沈下が小さい場合は打撃回数が多くなるため，所定の深さまで根入れしようとすれば杭頭が圧壊する場合がある。したがって，危険防止のため打撃回数の上限を杭のメーカーに確認しておくことが必要である。

埋込み杭の場合は，杭打ち櫓の自重を利用して杭を加圧し，杭頭を所定の高さに設置することが可能である。

杭頭には鋼板の補強バンドや多数の補強筋があるため，高止まりした場合は杭頭処理が困難となる。杭頭が高止まりすれば基礎の成に影響し，ベース筋が上がるため基礎や地中梁の断面検討が必要となる。

補強筋が必要な場合は，杭の施工業者がその費用を後で請求されることがあるため，杭頭の高さは慎重に止めなければならない。**写真 2.1-6** は杭先端打撃工法で杭頭が高止まりした処置として，地中梁の成に余裕があったため，逆ハンチとして鉄筋で補強した例であるが，鉄筋の補強工事への影響が大きく得策ではない。

**写真 2.1-6** 杭頭が高止まりの躯体補強例 [10]

## 2.1.8 雇杭の穴埋め

基礎の下端が作業地盤より低い場合は，通称「ヤットコ」と呼ぶ鋼製の雇い杭を杭頭にかぶせて所定の深さまで沈設する。ヤットコを引き抜いた跡の穴は人の墜落や重機の転倒防止のため，ヘドロ状の土に固化材を混ぜた改良土を埋め戻す。

根伐後に杭頭の中空部へ投入する補強コンクリートが深い場合は，改良土が中空部に入らないように，杭径に応じた円形の鉄板蓋をかぶせるように段取りすれば，後の作業が楽になる。

**写真 2.1-7** は，杭径が $800\phi$ の杭頭に 2m の補強コンクリートを投入する設計の場合，合板で八角形の蓋としたため杭頭にかぶせることができず，杭の

**写真 2.1-7** はかどらない改良土の掘削

中空部へ改良土が詰まり，硬くなった改良土を一日かけても掘り出せず，夏の炎天下で苦労している状況である。

## 2.1.9 杭頭処理

### (1) 杭頭切断と補強

高止まりが大きい場合は躯体の補強が難しいため，杭頭を**図 2.1-3** に示すダイヤモンドブレードで切断したほうが躯体への影響が少ない。

PHC杭の杭頭が所定の位置より低い場合は，杭の中空部へ鉄筋篭を挿入して中詰めコンクリートを打設する杭頭処理が一般的であった。この工法は杭頭の応力を基礎へ伝達するにはやや不十分と考えられるため，杭を製造する過程でPC鋼線を緊張する際に，杭の端板にあるメタルフォームへの取付けボルト孔を利用し，異形鉄筋のアンカーを緊結するNCPアンカー工法がある。

22　第 2 章　杭工事

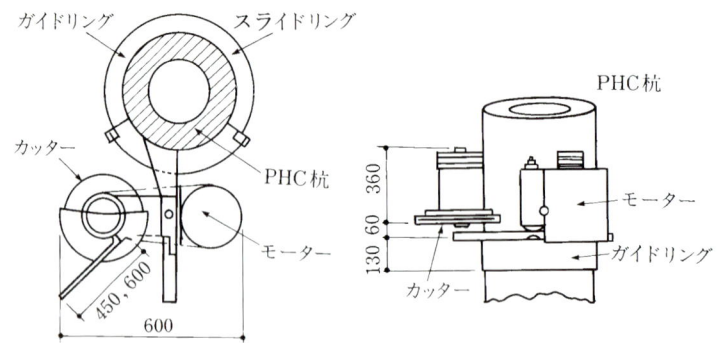

図 2.1–3　杭頭ダイヤモンドカッター[10]

写真 2.1–8　NCP アンカーの油にじみ

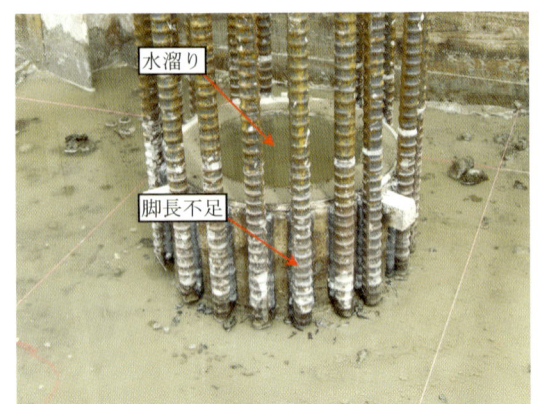

写 2.1–9　SC 杭の短いアンカー溶接長さ

　NCP アンカー工法は作業性がよく応力の伝達にも優れているが，異形鉄筋の先端にねじを切削加工する際に油を使用するため，ねじに付着した油が**写真 2.1–8** に示すように，鉄筋や杭の端版ににじみ出る場合があるため，あらかじめ油を拭き取ってから取り付けねばならない。油の付着はコンクリートの付着力を阻害するため，確実に除去しなければならない。

　外殻鋼管付きコンクリート杭（SC 杭）は，上杭の曲げモーメントが大きい場合に使用されるため，アンカー筋が多く杭頭の鋼管へ現場溶接となるが，根伐（ねぎり）を少なくするため**写真 2.1–9** に示すようにアンカー筋をフレアグルーブ溶接で脚長を大きくし，溶接長さを短くする場合がある。したがって脚長の確認が耐震的には重要である。

### (2) 杭頭補強コンクリート

　杭頭は，杭の内外に土が付着しているため，杭表面を高圧洗浄水やブラシを使用して洗浄しなければならない。杭頭補強コンクリートは，レベルコンクリートを施工した後，ベース配筋の前に打設することが品質確保上重要である。

　このコンクリートを基礎と同時に打設する施工計画は，コンクリート打設日の前日までに杭の中空部内に，**写真 2.1–9** に示すように水が溜まる場合があり，コンクリート打設日にベース筋や柱脚配筋が輻輳（ふくそう）している隙間から各杭の排水を完了することは不可能である。

　杭の中空部に溜まった水は，コンクリートが流入すれば比重の差によって，基礎の生コンクリート内へ一気にあふれ出るため，杭の上部ではコンクリートの分離とともに水・セメント比が大きくなる。杭頭に溜まった水は多量なため，コンクリートの強度が得られなくなる。したがって，1 工程増えるがベース筋の配筋前に，杭頭補強コンクリートを打設するように特記しておくことが品質確保には重要である。

**写真 2.1–10** 杭頭補強コンクリートを基礎と同時打設

**写真 2.1–11** PC 杭頭の窪みに水溜り

　この例では、監理者の助言にもかかわらず、**写真 2.1–10** に示すように杭頭補強コンクリートを基礎と同時に打設したため、杭頭内へ 2 m の補強コンクリートを打設するのに予定より大幅に時間を費やしている。

　先端開放の埋込み杭は、中空部に杭周固定液が上昇しているため、これを削りすぎて**写真 2.1–11** に示すように水溜りができる。わずかな水のようであるが、窪みには土や型枠加工の際に飛散する鋸屑が堆積することがあるため、中空部が杭頭より低い場合は、ベース筋を配筋する前に強度が大きい無収縮モルタルで水平に是正して、基礎の荷重を杭へ到達させなければならない。

### 2.1.10　偏心杭の補強

　偏心杭には次のケースがある。
① 市街地の敷地境界に設置する杭や障害物があり、柱の中心に杭が設置できないため設計に見込まれている偏心杭
② 施工の際に位置が狂った偏心杭

①のケースは設計で偏心杭による影響を考慮してあるため、補強を追加する必要はない。

②のケースは、建物の荷重を支えている柱の軸力に対する杭の反力 $R$ に、偏心距離 $e$ を掛けた偏心モーメント $N \cdot e$ が生じるため、基礎と地中梁の応力を算定し、補強配筋が必要となる。

　杭の偏心補強は一般的に柱脚をピンと仮定し、上から地中梁を柱で押さえた場合の応力に対して引張り側に補強する。杭が偏心した場合に生じる曲げモーメントは、**図 2.1–4** でわかるように、隣の柱で曲げ応力が地中梁の上下に変化するため、補強配筋は応力図が描かれている引張り側に配筋する。杭が柱の左側に偏心した場合は、応力図が逆向きとなる。

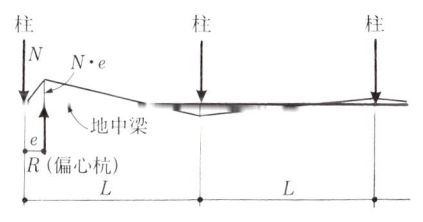

**図 2.1–4**　杭の偏心による応力図

## 2.2 場所打ちコンクリート杭

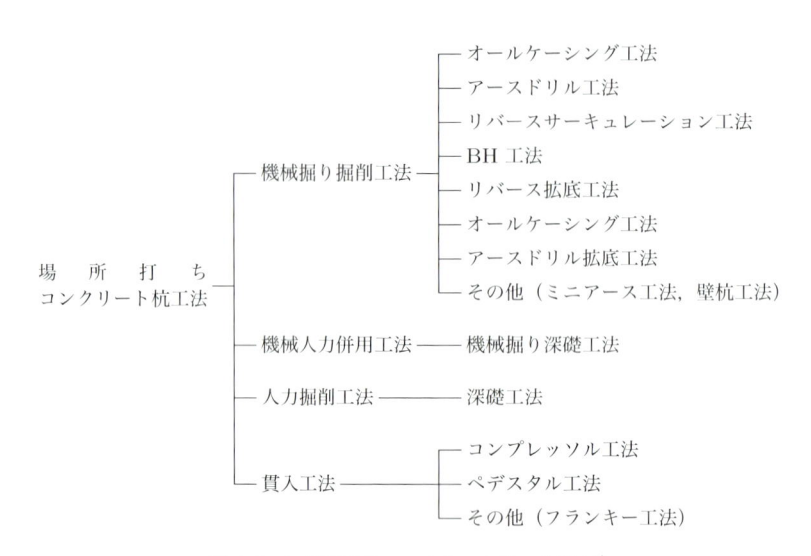

### 2.2.1 場所打ちコンクリート杭の種類

場所打ちコンクリート杭は，機械および掘削工法により**図 2.2–1** に示すように分類される。掘削に関する施工欠陥や対策については，(社)日本建築構造技術者協会編の『杭の工事監理チェックリスト』（技報堂出版）や，『場所打ちコンクリート杭施工指針・同解説』（(社)日本基礎建設協会編）を参照することを推奨し，ここでは，耐震性に影響が大きいコンクリート打設や，鉄筋の加工・組立てに関する施工欠陥と対策について述べる。

```
                          ┌─ オールケーシング工法
                          ├─ アースドリル工法
                          ├─ リバースサーキュレーション工法
         ┌─ 機械掘り掘削工法 ─┼─ BH 工法
         │                 ├─ リバース拡底工法
         │                 ├─ オールケーシング工法
         │                 ├─ アースドリル拡底工法
場所打ち  │                 └─ その他（ミニアース工法，壁杭工法）
コンクリート杭工法 ┤
         ├─ 機械人力併用工法 ─── 機械掘り深礎工法
         ├─ 人力掘削工法 ────── 深礎工法
         │                 ┌─ コンプレッソル工法
         └─ 貫入工法 ──────┼─ ペデスタル工法
                          └─ その他（フランキー工法）
```

**図 2.2–1** 場所打ちコンクリート杭の分類 [11]

### 2.2.2 鉄筋篭の製作
#### (1) 主筋の溶接

鉄筋篭は，フープ筋のかぶり厚さ 100 mm を考慮した直径の円筒形になるように，約 3 m ごとに配置した補強リングの外側に，所定の主筋径と本数を溶接して製作する。杭頭は曲げモーメントが大きいため，**写真 2.2–1** に示すように，根伐中に曲げた主筋の矯正が必要となり，主筋が溶接の影響で材質が変化し，折損する恐れがあるため，杭頭から下がった位置に補強リングを設ける。

**写真 2.2–1** 杭頭補強リングの位置（杭頭より少し下げた補強リング）

**写真 2.2–2** 杭頭に現れた補強リング内の水溜り

根伐後に所定の高さに杭頭処理を行った場合，補強リングが杭頭の位置にあれば，**写真 2.2–2** に示すように，柱軸力が杭頭へ伝達される部分に水溜りができることになり，脆弱なコンクリートになる恐れがあるため，補強リングを切断して排水しなければならない。

### (2) 補強リングの強度
　杭頭の補強リングは，下杭・中杭・上杭の順で鉄筋篭を繋いで吊り下げ，全重量を支持しなければならないため，設計図で指定された補強リングでは不足する場合がある。揚重機のワイヤ吊り点に対して曲げ強度とせん断強度を計算し，安全を確認した施工計画書を作成しなければならない。

### (3) 補強リングの継手溶接
　補強リングは，平鋼（FB（フラットバー））を使用し，円形の継手は FB の側面をそろえ，端部のみを隅肉溶接している場合がある。**写真 2.2–3** に示すように鉄筋曲げ機を使用する場合，端部まで均一に円形には加工ができないため重ね部分を密着して溶接することが難しく，溶接長も FB の幅のみでは破断する恐れがある。したがって，FB の継手は，**写真 2.2–4** に示すように，側面を 10 mm 程度ずらして密着するように重ねて隅肉溶接とする。

写真 2.2–3　補強リングの円形加工例

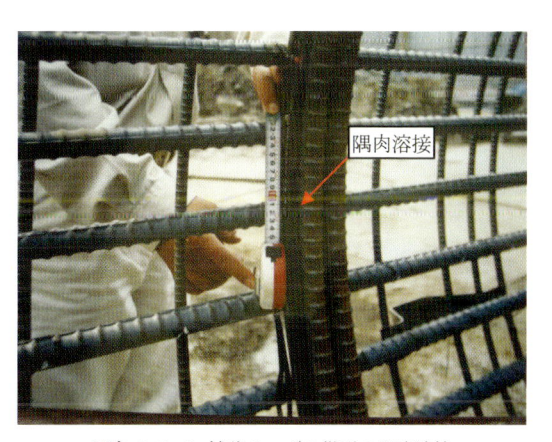

写真 2.2–4　補強リングの継手の隅肉溶接

### (4) 補強リングとフープ筋の関係
　補強リングは，各節とも篭筋の主筋を重ね継手とする場合，**写真 2.2–5** に示すように地面より立ち上がっているケーシング天端で篭筋を仮受けするため，各節ごとにブラケットや角パイプに補強リングを載せる。

写真 2.2–5　ケーシングの天端で篭筋を仮受けして篭筋の重ね継手作業中

写真 2.2–6　補強リング外側のスライム

フープ筋は補強リングの下端からブラケットや角パイプを挿入する隙間を空けておかねばならない。この配慮をせずにフープ筋を等間隔で割り付けた場合や，スパイラルフープを使用した場合は，補強リングに接近したフープ筋が曲げられることになる。

　また，補強リングの外側は**写真 2.2–6** に示すように，コンクリートの充填性が阻害されスライムが集まりやすい。補強リングの外側に配置されたフープ筋は，主筋径の $1d$ だけのあきとなるため，粗骨材の通過が阻害されコンクリートが充填されない恐れがある。したがって，補強リングはフープ筋より断面が大きく，補強リングの継手は両側面をずらして隅肉溶接し，主筋と補強リングはフレアグルーブ溶接となっているため，この部分のフープ筋は省略したほうが品質は向上すると考えられる。

### (5) 補強リングの剛性

　補強リングの直径が 1 m を超える鉄筋篭は，FB のみでは剛性がなく，鉄筋篭を横置きした場合，円形を保てず変形する。したがって，**写真 2.2–7** に示すように FB の内側に主筋と同径のフープ筋を添えて溶接し補強する。

　直径が 1.5 m を超える大口径の鉄筋篭は，**写真 2.2–8** に示すように補強リングに主筋を添えても変形するため，ブレースを仮付け溶接して横置きし，配筋検査で直径が計測できる措置を講じる。ブレースは篭筋を吊り込む直前に外して静かに掘削孔へ挿入する。

**写真 2.2–7**　小径補強リングの変形防止対策

**写真 2.2–8**　大口径篭筋の変形防止筋

### (6) 篭筋のスペーサー

　篭筋のスペーサーは，フープ筋のかぶり厚さが 100 mm を確保できる台形で，鉄筋に溶接しなくても外れないように取り付けられる形状が望ましい。これは**写真 2.2–9** に示すように，FB の上部がフープ筋に引っ掛けられるフック状とし，下部は補強リングに溶接するように加工した製品がある。

**写真 2.2–9**　鉄筋に溶接しないスペーサー

**写真 2.2–10**　かぶり厚さを変えたスペーサー

上部にフックがない場合はフープ筋とフレアグルーブ溶接とし，他の溶接とともに外観検査を行い，合否の判定を行う。

鉄筋篭の頭部が表層ケーシング内に位置する場合は，ケーシング径が大きく長くなれば鉄筋篭が片寄りして偏心することがあるため，**写真 2.2–10** に示すように，スペーサーのかぶり厚さを調整した製品を，1 断面の円周方向に 500〜700 mm 間隔に取り付けて対処する必要がある。

### (7) ストックヤードの台木高さ

鉄筋篭のかぶり厚さを 100 mm とした FB のスペーサーを取り付けてストックする場合，地面に端太角を並べて鉄筋篭を転がして移動できるようにするが，端太角の寸法は 90 mm のためスペーサーが土に接したり，コンクリート土間や鉄板敷きの場合には転がして移動する際に鉄筋篭の重量をスペーサーで支持することになり，スペーサーの変形や主筋とフープ筋の結束が緩むことになる。したがって，端太角に桟木等を釘止めし，スペーサーより台木が高くなるように対処しなければならない。

## 2.2.3 水中コンクリート

### (1) 水中コンクリートのスランプ値

場所打ち杭のコンクリートは，深礎とオールケーシング工法を除き，掘削孔壁の保護と地下水の影響で支持層が緩むボイリングや，コンクリートの分離を防止するため，清水より比重を重くした泥水中にトレミー管を介して流し込む。したがって，躯体コンクリートを打設する場合のように，ひび割れ防止のため水セメント比を小さくして，バイブレーターで締め固める施工とは異なるため，コンクリートの流動性が足りないと，**写真 2.2–11** に示すように欠陥杭ができる。

杭頭付近のコンクリートは，安定液との圧力差が小さいことや鉄筋篭が障害となって，天端のコンクリート内圧が内高外低となり，**図 2.2–2** に示すように，スライムやレイタンスが杭頭周辺に流入する場合がある。したがって，スライムはセメントが混じってコンクリートの色と大差がないため見逃す恐れがあるが，そのようなことがないように，杭頭周辺のコンクリートをテストハンマーで叩いて，健全なコンクリートの肌が確認されるまで壊さなければならない。

水中コンクリートでもスランプを 18 cm に強要する構造設計者もいるが，杭のコンクリートは温度の変化が少なく湿潤状態の土中養生となるため，乾燥収縮は生じない。したがって，施工性を重視したコンクリートのほうが杭の品質は向上することになる。

**写真 2.2–11** 内部からスライムが現れた杭頭

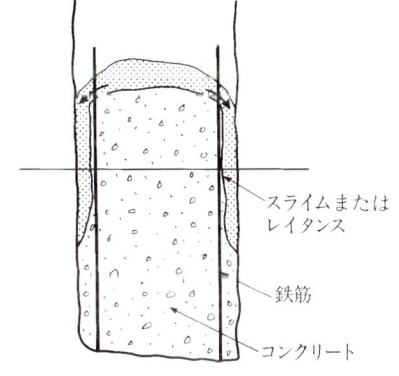

**図 2.2–2** スライム・レイタンスが杭頭に流入した状態 [12]

### (2) トレミー管の整備

トレミー管内は，コンクリートが通過するため，滑らかに維持されていない場合は，コンクリートが閉塞する危険性が高い。現場に搬入されたトレミー管内がきれいに整備されているか否かの受入れ検査を怠

**写真 2.2–12** 閉塞したコンクリートの排除作業 　　　　　**写真 2.2–13** トレミー管内に硬化したノロの付着

らないようにしなければならない。**写真 2.2–12** に示す不具合は，トレミー管内でコンクリートが閉塞したため，杭底まで投入されたコンクリートが詰まったまま地上へ引き上げて排除している状態である。これは**写真 2.2–13** に示すように，前現場で使用したトレミー管内の整備が不十分のまま使用したために招いた不始末である。

## (3) トレミー管の据付け位置

　トレミー管は，孔底からコンクリートを流し込む高さまで継ぎ足しているため非常に重く，コンクリートを流し込み中には位置の修正は不可能である。コンクリートを流し込み中はトレミー管が振動しているため，コンクリートはトレミー管に沿って上昇した後，杭周へ広がる。このため，杭頭部主筋のかぶり部分には，**写真 2.2–14** に示すようにスライムをはさんでいる。トレミー管が杭心に据え付けられていない場合は，杭頭の余盛りコンクリート頂部が片寄った勾配となり，基礎下端の床付け面では健全なコンクリートが現れないで欠陥杭ができることになる。したがって，トレミー管は杭心，すなわちケーシング中心に据え付け，余盛りコンクリート頂部の勾配が対称となるように打設しなければならない。

　**写真 2.2–15** に示す欠陥杭の場合は，スランプ 18 cm のコンクリートを，山留め際で地下階の杭を地上のアジテーターから直接流し込んだ。このとき，シュートの先端までトレミー管を山留め側へ引き寄せて流し込んだため，余盛りコンクリート頂部が片寄り，床付け面では健全なコンクリートが現れず掘り下げている。また，スランプが小さいため杭周のスライムが混じり，コンクリート上へかぶさるように流下したものと思われる。

**写真 2.2–14** 杭頭部主筋の外側に挟んだスライム 　　　　　**写真 2.2–15** 杭頭部コンクリートが片寄った欠陥杭

## (4) 杭頭の余盛り高さ

余盛りコンクリートは，水中コンクリートの頂部に生じるスライムが混じった脆弱なコンクリートを除去し，健全なコンクリート杭に基礎を載せられるように，あらかじめ余分にコンクリートを流し込んだ斫り代である。

余盛りコンクリートは，スランプの違いによって頂部の勾配が異なるが，21 cm のスランプでは**写真 2.2-16**に示す形状となり，1500 φ の杭で健全なコンクリートが現れる深さは，**写真 2.2-17**に示すように 1 200 mm ぐらいであるから，杭径の約 80 % である。連続地中壁の余盛りコンクリートも，21 cm のスランプではほぼ同様の勾配である（**写真 2.2-18**）。

写真 2.2-16 杭径 1 500 mm の杭頭

写真 2.2-17 余盛りコンクリートの必要高さ

写真 2.2-18 連続地中壁の余盛りコンクリート勾配

主筋の内側50mmまで斫り

写真 2.2-19 脆弱なコンクリートの斫り

## (5) 余盛りコンクリートの斫り

設計図では見積金額を上げないため，余盛り高さを小さくし，オールケーシング工法は＋500 mm，アースドリル工法では＋800 mm 程度としているが，根伐後に健全なコンクリートが現れるまで掘り下げた後で，**写真 2.2-19**に示すように，脆弱なコンクリートを斫らなければならない。その際，打ち継ぐコンクリートが一体となり，大地震時の衝撃的な交番繰り返し荷重を受けて生じる軸力・曲げモーメント・せん断力に抵抗できるように，打継ぎ面が水平または鉛直となるように斫る。また，主筋の表面のみを打ち直しても剥がれ落ちるため，主筋の内側から杭心に向かって 50 mm 以上斫り込み，打ち直すコンクリートが鉄筋の周りへ確実に充填されるようにしなければならない。

## (6) 杭頭の造り替え

　型枠は**写真 2.2-20** に示すように，円形に組み立ててコンクリート打設前の洗浄水が打継ぎ面へ逆流しないように，床付け面を水平打継ぎ面より低くし，水中ポンプの釜場は**写真 2.2-21** に示すようにさらに深く設置する。**写真 2.2-22** は，杭頭コンクリートを造り替えた出来形である。

　多数の欠陥杭コンクリートを斫って造り替える費用は多額であり，工期にも影響が出る。余盛りコンクリートの厚さは一律ではなく，生コンクリートのスランプと杭径に合った設計でなければならないと考えられる。

**写真 2.2-20** 杭頭部を造り替えた型枠組立て

**写真 2.2-21** 床付け面より低く設置した釜場

**写真 2.2-22** 杭頭コンクリート造り替え出来形

## (7) 杭頭処理面の窪み

　余盛りコンクリートを斫る杭頭処理は，**写真 2.2-23** に示すように，圧搾空気を動力にしたブレーカーで斫るためその表面はピックの凹凸ができる。このままでは窪みに土砂が溜まり，圧縮力やせん断抵抗力を生む摩擦力は得られない。また，フープの内側に斫り工が入って真上から斫るため，周囲との高低差がわかりにくく，窪みができた部分に水が溜まって基礎コンクリート打設時の障害となる。

　杭頭に水が溜まった土砂や斫り屑を高圧洗浄水で洗い流すため，**写真 2.2-24** に示すように排水溝を設け，杭のコンクリートと同等以上のコンクリートを打ち足す。

**写真 2.2-23** 余盛りコンクリートの斫り状況

写真 2.2–24 杭頭処理面の排水溝

写真 2.2–25 配筋後の杭頭窪み是正状況

工事監理者に指摘された不具合は，次工程に進む前に是正を終える必要がある。**写真 2.2–25** はこれを怠たり，基礎の配筋が終わった後で杭頭へ無収縮モルタルをジョウロで流し込んでいる状態である。

杭頭の余盛りコンクリートを斫ったままでは凹凸があるため，あらかじめ杭頭を低く斫って同強度のコンクリートや 2 ランク上位のモルタルを鏝均しする仕様の設計が望ましい。

## (8) 杭頭の切りそろえ高さ

余盛りコンクリートを斫って除去した杭天端の高さは，設計図書どおり基礎へ呑み込まれる高さが確保されていること（**写真 2.2–26**），水平力を杭へ伝達するため杭の側面に健全なコンクリートが現れていることを確認する。杭の側面には土が付着している場合があるため，テストハンマーで叩いて確認することが重要である。

レベルコンクリートを打設する際に，強度が低いコンクリートが杭頭に載っている場合は，これを除去しなければならない。

写真 2.2–26 杭頭の基礎への呑み込み高さ

# 第3章

# 土工事

## 3.1 床付け面の水平精度

　床付けとは，基礎・地中梁・耐圧版等の建物の最下部にある躯体の下に，レベルコンクリートと砂利地業の厚さを加えた深さまで根伐する地盤面のことをいう。床付けの水平精度が悪く凹凸が大きければ，レベルコンクリートは水平に打設するため凸部ではその厚さが薄くなる。

　レベルコンクリートの厚さが薄い部分は，地中梁鉄筋の重量を支える支持架台が不安定となり，地中梁配筋が傾き，かんざし筋が堰板に接触してかぶり不足となる。したがって床付りの水平精度は，管理値を ±10 mm 以下に設定しなければならない。

　写真 3.1–1 は，地下1階ベタ基礎の床付け検査状況で，桟木の下側はレベルコンクリートの天端である。

写真 3.1–1　ベタ基礎の床付け検査状況

## 3.2 山留めの鉛直性

　床付けが深い場合は，山留めに SMW 工法が採用される例が一般的となった。山留めの心材に使用する H 形鋼が傾斜して，躯体側へ食い込んで施工されている場合があるため，床付け検査では，基礎底のレベルと併せて躯体への影響がないかどうかを確認し，食い込みが大きい場合は写真 3.2–1 に示すように，真材を切断して鉄板で補強する。

## 3.3 仮設釜場の設置

### 3.3.1 独立基礎

　独立基礎の下端は，地中梁の鉄筋が干渉しないように，地中梁より若干下げて設計するのが一般的である。工事中の降雨やコンクリート打設前に行う型枠内の洗浄水が溜まれば，配筋済みの鉄筋が泥水に浸り，排水後は鉄筋の周囲に土が白く付着するため，コンクリートとの付着力が低下する。

　独立基礎のベース筋は，柱からの片持梁長さに対して基礎成が大きいため，曲げモーメントより算定す

写真 3.2–1　躯体側へ食い込んだ H 鋼切断部の鉄板補強例

写真 3.3-1　泥水に浸った釜場の配筋と排土作業

写真 3.3-2　基礎の外側に設置した仮設釜場

る鉄筋量と、せん断力より算定する付着力で鉄筋量を比較した場合、後者で決まる場合が多い。したがって、ベース筋の付着力が低下する原因を作らないようにしなければならない。

写真3.3-1は、本設釜場の配筋後に冠水したため排水した例であり、上端筋には土が白く付着している。根伐前には基礎や本設釜場のレベルコンクリートより下に掘り下げた、仮設の釜場が必要であることを説明したが実行されなかった。このため、釜場の立上がりには土留めがなく、レベルコンクリートの下部の土が崩壊したため、排土作業をしている状況である。

写真3.3-2は、基礎の外に仮設釜場を設け、水中ポンプを作動させるように指導した実施例である。仮設釜場を設けず、「スイーパー」と称するお椀を被せたような排水設備があり、これを配筋の間から挿入して使用している現場が多い。しかし、水溜りがある場合はコンクリートを片押しして打設するが、排水能力が乏しくコンクリートが押し寄せる速さに間に合わない場合が多い。したがって、配筋の外側に仮設釜場を設置し、水がない状態でコンクリートが打設できるような段取りが、品質を損なわないコンクリートには絶対に必要である。

### 3.3.2　ベタ基礎

親杭横矢板のような簡易な山留めは、壁面から土砂とともに地下水が流れてくるため、山留め側に接して排水溝を設置すれば、親杭を根入れしている地盤がゆるみ、山留め上部の変位を増大させることになる。また、釜場を設置する場合は、釜場底面からの高さで山留めの安全性を検討しておかねばならない。

写真3.3-3では、地震時の接地圧が大きくなる建物の短辺方向の外壁側は、排水溝を外周から1～2m内外に設置し、山留めから排水溝に向かって水勾配を付けている。排水溝はコンクリート製とし、地盤のゆるみや土砂の堆積がないようにして、耐圧版のコンクリートを打設すれば問題は生じない。

写真 3.3-3　外壁面より離した仮設排水溝

## 3.4 本設釜場の地業

　釜場の必要面積や体積はわずかであるが，掘削機械で大きめに掘削したまま配筋し，空洞が生じた部分の床付け面を突き固めもせずに直接躯体のコンクリートを同時に打設している現場がある。このようななずさんな施工をすれば，配筋後の降雨や地下水が上昇した場合，孔壁が崩壊して鉄筋が土に埋まり泥水に浸ることがある。杭地業の場合は想定外の荷重が耐圧版にぶら下がるため，超過荷重による弊害が生じる恐れがある。

　法面を急勾配に掘削した場合，**写真3.4–1**に示すようにコンクリートがだれ下がって土が現れるため，ワイヤメッシュやラスを打ち込むなどの対策が必要である。

　釜場の掘削が過大とならないように，外周に単管を打ち込んで横矢板で山留めをした場合，単管の天端が耐圧版の内部に突き出る高さになっていることがある。これはレベルコンクリート面で切断しなければならない。

　RC造の躯体は，レベルコンクリートや型枠が周囲にないと鉄筋をスペーサーで支持することができない。したがって，躯体の下端や勾配面に沿ってコンクリートを打設し，土が見えないようにしておかねば品質の優れた躯体コンクリートを打設することはできない。

**写真 3.4–1** 法面コンクリートのだれ下がり

## 3.5 粘性土床付け面の砂敷き

　支持地盤が関東ロームや固結シルト等の粘性土の場合，掘削機械による根伐はほどほどにして，床付け面を傷めないように手掘りで行うのが原則であるが，機械化が進んだ今日ではプレートのアタッチメントを取り付けて，静かに整地することが多い。

　床付け面が平らになった後は，砂利地業やレベルコンクリート打設作業を行うが，降雨後は粘性土の含水率が高くなっているため，作業員の歩行で床付け面をこね返した状態となり，支持地盤としては適さなくなる。粘性土の水分を早く蒸発させるためには，**写真3.5–1**に示すように，床付け面に砂を敷き，毛細管現象で蒸発を促進させながらレベルコンクリート地業を行う方法が有効である。このようにすれば，床付け面をこね返すことはない。

**写真 3.5–1** 粘性土の床付け面に砂敷き

## 3.6 レベルコンクリート打設

　従来は「捨てコンクリート」と称していたが，この語感が雑に扱ってもよいコンクリートのように受け取られやすいため，徐々に「レベルコンクリート」や「均しコンクリート」と呼ばれるようになっている。

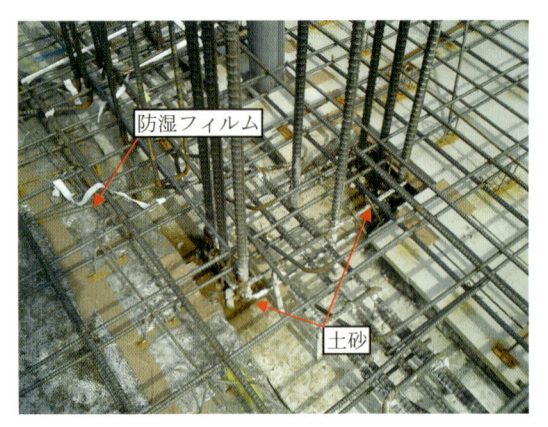

写真 3.6–1 水平打継ぎ面に土砂流入

写真 3.6–2 レベルコンクリートを省略した不具合

レベルコンクリートは，建物高さの基準となり，躯体コンクリート打設の際にコンクリートが直接土に接しないための型枠の役目も持つため大事な工事であるが，強度は鉄筋や型枠の重量に耐える程度があればよい。ただし，水平精度は重要であり，各階のスラブコンクリートと同程度のレベルとする。

土間上にスラブを打設する場合，レベルコンクリートを省略した施工をしていることが多く，**写真 3.6–1**に示すように，打継ぎ面に土砂や砂利がかぶさることがある。また，**写真 3.6–2**に示すようにスラブ筋のバーサポートが砂利地業の中に潜るため，上端筋が下がり下端筋のかぶり厚さが確保できなくなり，品質のよいスラブにはならない。やはり土間スラブであっても，スラブ配筋の前にレベルコンクリートを打設する設計が必要である。

設計図にレベルコンクリートを明記してあっても，ゼネコンはコストダウンの対象にしてくることがあり，品質に対する認識がない技術者がいる。

## 3.7 土留頂部の水返し

親杭横矢板の簡易な土留めでは，壁面の隙間から地下水とともに土粒子が流れてくるため，床付けの山留め側に接して排水溝を設置している現場を見かけるが，親杭の根入れ部の地盤がゆるみ，山留め頂部の変位を増大させることになる。また，排水溝の末端には仮設の釜場のために深く壺掘りするため，山留めが崩壊する危険性がある。矢板は隙間なく重ねるように指示し，やむを得ず隙間が生じた部分は目板で塞ぐようにする。

敷地周辺の雨水を根伐底に流下させないためには，山留め頂部で犬走りコンクリートを周囲の地面より高く打設して水返しを行い，地表面の水は**写真 3.7–1**に示すように下水溝へ流す。

写真 3.7–1 山留め頂部の水返しコンクリート

## 3.8 予想数量を超えた残土

設計積算の土量は，建築主より提供された測量図に基づいて算出しているが，着工後に請負者が実測したところ，地盤面が高くなっていたり舗装の厚さが予想以上に厚く，産業廃棄物が発生する場合がある。

長期間放置された敷地では，残土の不法投棄や盛土して臨時の駐車場に利用した時期があった場合等が考えられる。

　最近では環境破壊とならないように，大規模現場でも根伐土を敷地外へいっさい搬出せず，地盤面を嵩上げや築山とする設計が多くなっている。残土が計画高さ以上に高くなる場合は，外構の階段やスロープが長くなり，敷地周辺の擁壁高さを高くすれば擁壁断面の変更が生じるため，設計変更の処理が必要となる。

　写真 3.8-1 に示す現場の前景は，予想以上に余った残土で計画地盤高さを変更した例である。建築主が提供する測量図面が古い場合は，改めて測量してもらうように建築主を説得することが重要である。

写真 3.8-1　予想数量を超えた残土

時間的に間に合わない場合は，現場説明の際に工事の着手は実測後に行うことを，入札条件として特記しておくことが望ましい。

## 3.9　打継ぎ欠陥を招く残土

　内部の地業工事が終わった後は引き続き，外構のレベルを考慮して，躯体工事への悪影響がないように残土処分をしなければならない。地上階の水平打継ぎ面が外部より低くなれば，写真 3.9-1 に示すように土砂の崩落や，降雨時に泥水の流入が生じる。いずれも外部足場の設置高さで鋤取りが必要なため，外部の地面が外壁の水平打継ぎ面より低くなるように均さなければならない。

　写真 3.9-2 は，外部の地面が高いにもかかわらずそのまま躯体工事を進め，外壁の水平打継ぎ面に土がはさまれている欠陥躯体である。

写真 3.9-1　外壁打継ぎ面への残土崩落

写真 3.9-2　水平打継ぎ面に土をはさんだ外壁

# 第4章 鉄筋工事

## 4.1 基礎の配筋

基礎は柱が支持する上部の荷重を地盤へ伝える重要な部分である。地盤が直接支持する場合を直接基礎といい，地盤が弱い場合は，堅固な地盤まで杭で支持する場合を杭基礎という。基礎は上部の荷重を地盤へ支持させる形式により応力状態が異なるため，① 独立基礎，② 布基礎，③ ベタ基礎，④ 複合基礎，⑤ ケーソン基礎等に区分される。

### 4.1.1 独立基礎の配筋

独立基礎の場合は，最下階の柱荷重（柱軸力ともいう）を地盤の支持力で除した面積が，基礎の底面積となるように辺の長さが設計図に示されている。ベース配筋は，柱面から基礎先端までの片持長さにより，曲げモーメントとせん断力に対する基礎成を仮定し，材料強度に応じて鉄筋量が算定されている。

基礎は柱から跳ね出した片持スラブとなり，地盤からの反力が上向きの荷重として作用しているため，基礎下端に配筋するベース筋の量が多い。矩形基礎のベース筋は 2 方向配筋で設計するが，対角方向にも補強筋を配筋した余裕のある設計が望ましい。

ベース配筋を 2 方向に配筋した場合，隅角部の鉄筋がそれぞれ切断されていたり，立ち上がっている場合でも外周が拘束されていないことがある。したがって，**写真 4.1–1** に示すように，外側の 1 方向の鉄筋を鉄筋径だけ短く曲げ加工し，直交方向の外側の鉄筋と重ね継手となるよう配筋することによって，対角方向にひび割れが発生しないようにコンクリートを拘束することが望ましい。

ベース筋の上に柱筋が配筋されるため，柱の位置周辺にはあらかじめバーサポートを多めに支うことを忘れないようにしなければならない。これを怠ればベース筋が下がり，下端のかぶり厚さが確保されなくなる。

**写真 4.1–1** 矩形基礎の隅角部拘束配筋例

ベース筋のかぶり厚さが杭頭から必要な理由を「杭の表面に沿って上昇してきた水分が，鉄筋を錆びさせる恐れがあるからである」とした，著者が異なる 2 冊の配筋の本を読んだが，この説が本当であるか疑問に思う。なぜなら，鉄は水と酸素が同時に存在しなければ錆びないはずであり，地中に潜っているコンクリート基礎の中にある鉄筋が空気に触れることはないのだから，水の影響で錆びるとは思えない。

ベース筋の本数は付着力で決まる場合が多いため，杭頭からのかぶり厚さは，付着力を確保するために必要なのだ，と筆者は解釈している。したがって，杭頭には所定のかぶり厚さが確保できるバーサポートを

支う。杭から外れたレベルコンクリート部分には，**写真 4.1–1** に示すように，鉄筋で加工したバーサポート（俗に馬という）を支い，ベース筋を水平に保つようにしなければならない。

基礎のせん断力は，コンクリートの断面積で抵抗させるため十分な締固めが必要であり，基礎成が確保されていなければならない。配筋検査時には，コンクリート天端が判るように墨出しの上，釘打ちや目地棒を取り付けてあるか否かを確認する。

### 4.1.2 布基礎の配筋

布基礎は，地盤の支持力が余り強くなく独立基礎では面積が不足する場合，または，壁式構造や塀の基礎等に採用される。ベース配筋は，主筋と配力筋の鉄筋量に大きな差があり，主筋を下側に図示してある設計が一般的である。しかし，鉄筋の組立て後に行われる型枠の組立て・アンカーボルトの据付け・コンクリート打設作業等，多数の職人が鉄筋の上に乗って作業をするため，バーサポートを支っていない多数の主筋が，配力筋に吊り下げられている結束線が切れて，レベルコンクリート上に落ちることが多い。そのため，コンクリート打設前に鉄筋の結束直しの手戻り作業が生じる。

手戻り作業をなくすため**写真 4.1–2** に示すように，主筋の下側に段取り筋を配筋している例があるが，段取り筋の重量がコストアップになっている。

そこで段取り筋を省略する考え方として，フーチングの成は，一般の床スラブより大きく設計されているため，構造計算上は基礎スラブの有効成が 10 mm 程度小さくなっても，主筋間隔の余裕で十分間に合う場合が多い。**図 4.1–1** に示すように，主筋と配力筋の上下位置を逆にし，主筋の下端に配力筋を配筋して主筋を載せ，配力筋へバーサポートを支えば主筋の落下を防止できる。ただし，変更する場合は構造設計者の了解を得なければならない。

写真 4.1–2　布基礎の配筋

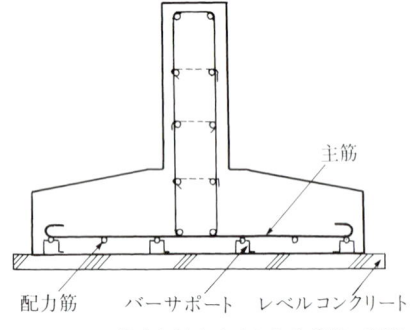

図 4.1–1　段取り筋を省略した布基礎の配筋

### 4.1.3 ベタ基礎の配筋

建物最下部の平面をすべて耐圧版として，全重量を地盤で支持する基礎である。耐圧版は地反力が大きいため，スラブ成が大きく，太い鉄筋が密に配筋される。鉄筋の継手は，D32 以下は重ね継手で施工する場合が一般的であるが，結束の手順を間違えれば鉄筋相互に粗骨材の通過を阻害する隙間が多数発生し，重ね継手の付着力が低下することになる。

配筋の手順は，主筋の重ね継手が密着するように全数を結束後，配力筋を上に載せて直交する主筋と結束する。鉄筋相互のあきは最小で鉄筋径の 1.5 倍

写真 4.1–3　耐圧版を貫通する仮設杭の開口補強配筋

かつ 30 mm 以上確保する。3 本並びとなっている場合は鉄筋下端のコンクリートに空洞ができる恐れがあるため，2 本ずつ鉄筋をくっつけて束ね配筋とし，鉄筋間隔を調整しなければならない。

耐圧版には，構台杭や切梁の鉛直方向を支持する棚杭が貫通する。この杭を引き抜いた後はコンクリートで孔塞ぎをするが，それまでは開口部で断面欠損があるため，**写真 4.1–3** に示すように開口補強筋を配筋する。開口補強筋も鉄筋のあきとかぶり厚さを確保する。

### 4.1.4 マットスラブの配筋

マットスラブとは，被圧水頭が高く浮力が生じる場合の錘（おもり）として，地中梁を設けず上反力を無梁版で抵抗させる厚い耐圧版である。配筋は柱列帯と中間帯で各方向とも異なるため，設計図に示された位置に正しく配筋しなければならない。

マットスラブの配筋には D19～D38 も使用されるが，太径鉄筋の場合は重量が大きいためバーサポートには，**写真 4.1–4** に示すようにアングル材が使用される。また，D32 以下の鉄筋継手は圧接や機械式はまれで，施工性・経済性に優れる重ね継手が採用される。隣接鉄筋との継手位置のずれは，$0.5～1.5\,L$ とし，圧接・機械式等は 400 mm 以上互いにずらすのが原則である。

**写真 4.1–4** マットスラブのバーサポート大きな荷重となるためアングルを使用した例

スラブ配筋を重ね継手とする場合は，2 本の鉄筋が密着するように継手を先に結束し，直交する鉄筋との結束は後で行う。このようにしないと重ね継手部に V 字形の隙間ができるため，粗骨材の通過ができなくなり，継手下部に空洞ができやすい。

### 4.1.5 複合基礎

複合基礎とは，スパンが短く 2 つの基礎が重なる場合や，エキスパンションジョイントで 2 本の柱が接近している場合に，重心を求めて基礎が偏心しないように，柱から基礎先端までの寸法を調整した基礎のため細長い形状となる。したがって，基礎の位置を図示どおりに正しく配置することが重要であり，配筋要領は独立基礎と同じである。

### 4.1.6 ケーソン基礎

ケーソン基礎とは，建物に採用される例はまれであるが，箱型の躯体コンクリートの重量を利用して，計測管理をしながら内部の土を掘削し，所定の深さに耐圧版のコンクリートを打設する潜函工法である。深い地下構造物ではニューマチックケーソン工法が採用され，水圧より高い気圧下で掘削するため，作業員の潜函病に対する健康管理が重要である。

規模が小さい浄化槽等では，圧搾空気を使用しないオープン工法が採用される。

## 4.2 柱の配筋

### 4.2.1 柱の応力と配筋

柱は，屋根や上階の荷重を支えるため，大梁に生じる曲げモーメントや，せん断力に抵抗して架構を形成している。地震時には，水平力による曲げモーメントが加わるため，柱脚と柱頭には大きな曲げモーメントに対して多数の主筋が必要となる。

下層階の柱は，上階に載っている各階の水平力が累加されて大きなせん断力となる。このせん断力に抵抗するのは柱の断面積と耐震壁や筋交いであるが，いずれも多くすると建物の使用勝手が悪くなるため，せん断補強筋としてフープ筋の間隔を小さくし，柱幅の中間には複数のサブフープを配筋することになる。

耐震要素としての壁や筋交いは非常に効果的であり，共同住宅では戸境壁が耐震壁として利用できるが，桁行方向には採光上設けられないため，柱の主筋とせん断補強のフープ筋が桁行方向で多く必要となる。したがって，柱の曲げモーメントが大きい方向の柱幅が小さく，柱の外側から2列目の寄せ筋で鉄筋のあきが規定値を確保している場合でも，柱と大梁が交差するパネルゾーンでは，大梁の定着筋が柱の奥まで多数入り込んでくるため過密配筋となり，コンクリートの充填性が悪くなる。

配筋の手順は，① 大梁の配筋をする前に柱頭のフープ筋へスペーサーを各面に2個ずつ支い，型枠に対して各面が正しいかぶり厚さとなるようにする。② 柱主筋の寄せ筋を正しい位置にフープ筋と結束しておく。③ 壁厚の中にある柱のスペーサーは柱の型枠面へ移動する。④ 柱の型枠が立てられた時点で**写真4.2-10**に示すように，大梁底に対してフープ筋が施工床面から見えるか否かを確認する。

フープ筋が見えない場合は，フープ筋が大梁主筋より大きく下がっていることになるため，大梁の主筋を配置する前にフープ筋を追加しなければならない。この4点が後で不具合を生じさせないポイントである。

## 4.2.2 パネルゾーンのフープ配筋

外柱と地中梁や大梁が交差するパネルゾーンの柱幅は，柱主筋の間隔を最小規定値である主筋径の$1.5d$ぎりぎりで設計すれば，梁の主筋が柱内へ定着する部分で鉄筋のあきが不足する場合がある。柱のフープ間隔は，1968年に発生した十勝沖地震における校舎の短柱被害から100 mm以下に規制された。しかし，パネルゾーンのフープ間隔は150 mm以下でよいことになっているが，柱脚最下段のフープから次のフープまでの間隔が大きい場合，柱主筋が外側へ座屈し，柱のコンクリートが圧壊することになる。

**写真4.2-1**は阪神・淡路大震災で圧壊した柱である。この被害例からも，パネルゾーンのフープがいかに重要であるかが判る。

**写真4.2-2**は，テレビで何回も放映された公団の欠陥中層マンションのRC柱で，鉄筋をRCレーダーで探査した後に柱面を斫ってフープ筋の本数と間隔を確認したところ，1階柱脚でフープが230 mmも粗くなっている部分があった。いつ襲来するかわからない大地震に対して，この建物の危険性を当事者に何度も訴えているが，「直ちに倒壊や崩壊の危険性はない」との弁護士の回答である。耐震性能は，大地震が襲来するまでは眠っているため，15年間建っていた建物が「直ちに倒壊や崩壊の危険性はない」というのは詭弁である。

**写真4.2-1** パネルゾーンのフープ間隔が大きく柱主筋が座屈して圧壊

**写真4.2-3** アングル架台で支持された柱主筋

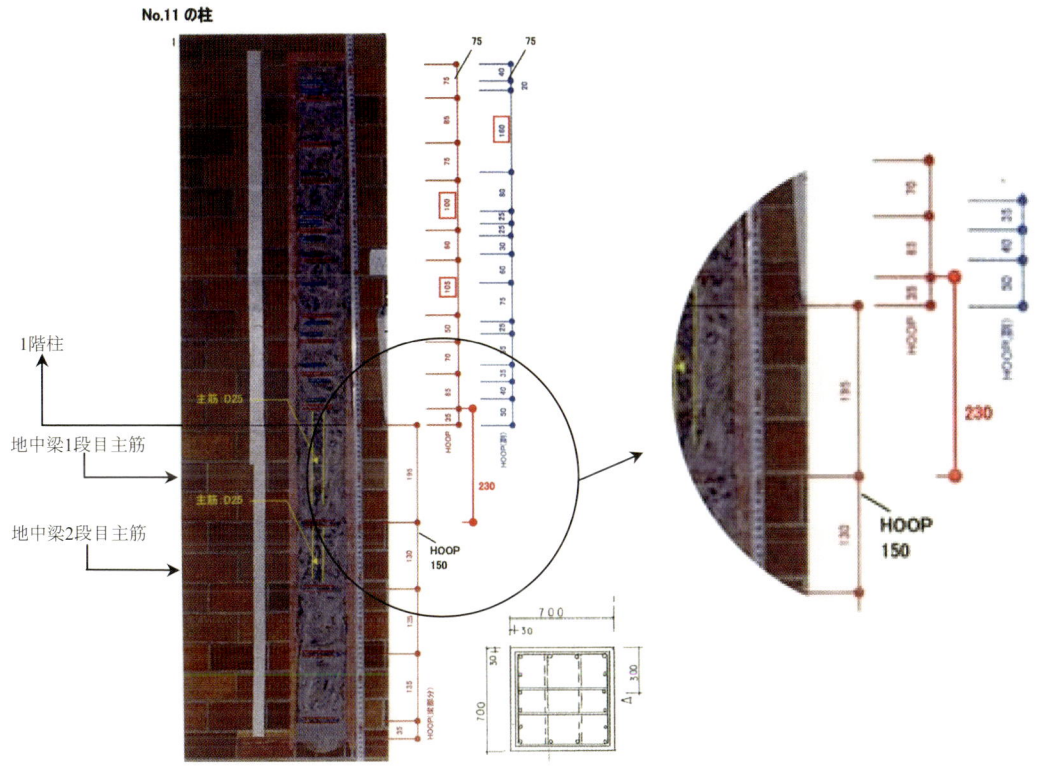

写真 4.2-2　1階柱脚より下のフープ間隔が大きく圧壊の危険性がある柱

## 4.2.3　水平打継ぎ面の主筋位置

　柱の打継ぎ面は，地中梁の成が高く型枠が基礎天端より上部に浮いた状態となるため，柱の位置が出しにくく狂いやすい。特に，高層建物の地中梁やエレベーターピット際のように，基礎が一般の基礎より下がっている場合等は，柱の主筋位置が狂いやすいため**写真 4.2-3**に示すように，打継ぎ高さまで鋼材で支持架台を組む等，頑丈な支持部材が必要である。

　水平打継ぎ面で柱の主筋が所定の位置よりずれていないかを，地中梁のコンクリートを打設した天端で確認し，置きスラブの場合は，スラブ天端までの高さの範囲で矯正のため，**写真 4.2-4**に示すように台直しを行う。

写真 4.2-4　置きスラブ施工前に墨出し後柱主筋を台直し

写真 4.2-5　台直しをした主筋の補強例

44　第 4 章　鉄筋工事

　台直しは一般的に主筋径の 1/6 以下の勾配に規定されているが，曲げた鉄筋に張力が作用すれば**図 4.2–1** に示すように，b 点には主筋が面外へ伸びようとする力 $T$ が作用するため，主筋が伸びてコンクリートがひび割れすることになる．したがって，**写真 4.2–5** に示すように，主筋の折曲げ部にフック付きの鉄筋で引張り，圧縮側に定着する補強をしておけば耐震性が得られる．

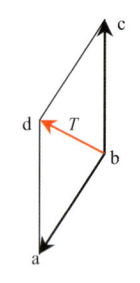

**図 4.2–1**　曲げた鉄筋に生じる合力

### 4.2.4　打継ぎ面に必要な鋼製スペーサー

　地下階がない地中梁天端の柱脚は，最も大きな曲げモーメントが生じる部位であるため，主筋の位置がずれて台直しをするような杜撰(ずさん)な施工とならないように，慎重な施工管理が必要である．また，建物の外部側は耐久性上，設計かぶり厚さを確保するように適切なスペーサーを支(か)い，**写真 4.2–6** に示すような出来形となるようにコンクリートを打設しなければならない．

　打継ぎ部のスペーサーは，打継ぎ面に近付けて支うようにし，スラブ側は**写真 4.2–7** に示すように，柱とスラブ型枠の隅角部に支う柱脚スペーサーがある．この柱脚スペーサーは，柱と梁が交差するパネルゾーンで上階の柱が細くなり，柱の型枠から柱筋のかぶり厚さが大きくなる場合にも効果的である．**写真 4.2–8** は，柱頭と梁底の隅角部に柱脚スペーサーを支って柱頭のかぶり厚さを確保した例である．

**写真 4.2–6**　外部側のかぶりを確保した出来形

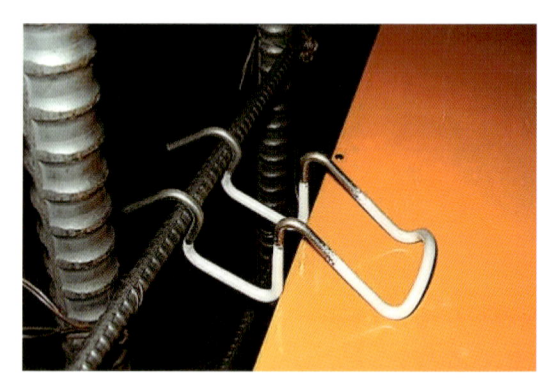

**写真 4.2–7**　柱脚スペーサー

**写真 4.2–8**　柱頭のかぶりを確保した柱脚スペーサー

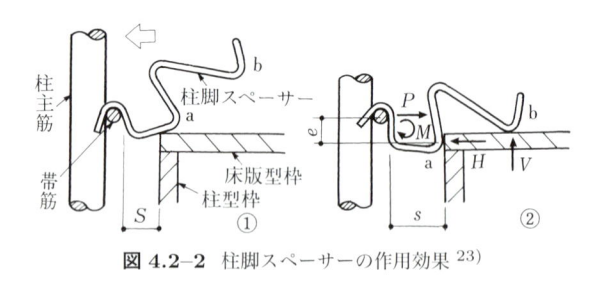

**図 4.2–2**　柱脚スペーサーの作用効果 [23]

　柱脚スペーサーは，柱筋が傾斜してかぶり厚さが少ないほうに支い，**図 4.2–2** ① に示すように，⇐の方へ柱筋を引張れば a 部がスラブ型枠から外れる．その後，力を抜けば②図のような力の釣合いでかぶり厚さが確保される．この動作を簡単にするには，上階のフープ筋をスラブ上端筋の上とそれより 500 mm 以上の高さに配筋すればよい．柱筋全体が動くため簡単にスペーサーを支うことができる．

## 4.2.5 寄せ筋のあき

柱の設計で，構造計算を始める前に仮定した幅と成，すなわち仮定断面が応力に対して小さく，主筋が最小間隔の規定である$1.5d$でも柱の幅では並びきれない本数となった場合，柱の外側から2～3列目にも最小のあきで並べることを「寄せ筋」という。

柱の幅を大きくできれば寄せ筋にする必要はないが，柱の断面設計が終わる頃には意匠や設備設計が同時に進行しているため，柱幅を大きくすることはできないことが多い，寄せ筋は，引張り側主筋の重心で計算しているため，鉄筋のあきが$1.5d$より大きい場合は有効成$d$が小さくなるため，主筋の断面積が不足することになる。

鉄筋のあきは，最小値が規定で$1.5d$以上となっているが，寄せ筋の場合は有効成方向では$1.5d$でなければならない。したがって，$1.5d$を確保するためには**写真4.2-9**に示すように，コーナーフックスペーサーを使用しないと正確なあきにはならない。コーナーフックは，水平打継ぎ面と階高の中間に取り付ける。

写真4.2-9 寄せ筋に必要なスペーサー「コナーフック」

## 4.2.6 大梁下端の第1フープ高さ

大規模な建物では，工期短縮のため工区ごとに柱の鉄筋を敷地内で地組みして，下階の主筋と接合する先組み工法が採用されることが多くなっている。地上で加工図どおりに地組みしても，主筋を接合した段階では問題がないように見えるが，**写真4.2-10**に示すように，柱の型枠を建て込んだ段階で梁底の高さに対して，第1フープの位置が下がっている場合がある。

地震の被害建物の写真などで，柱頭のコンクリートが圧壊して主筋が大きく座屈しているのを見かけるように，柱頭には上階の重量とともに大きな曲げモーメントによる引張力と圧縮力が，交番繰り返し荷重で作用するため，フープは大梁下端主筋の直下に配筋して柱主筋を拘束しておかねばならない。

第1フープの高さの適否を早い段階で見分けるには，柱の型枠が建て込まれた時点で各柱の梁底に対して比較すれば，地上からでも確認ができる。このため，あらかじめフープを加工して準備しておき，スラブの型枠が組み立てられた直後にフープを補充し，大梁の主筋を配る前に柱筋のねじれや倒れがなく，

写真4.2-10 第1フープが梁底より低い

梁筋が正しい位置へ落とし込めるように，スペーサーを柱型枠の各面に対して2個ずつ離して支う。その際，地墨を見て柱に壁が取り付いている場合は，壁を避けた位置にスペーサーを支わねば効果がない。

## 4.2.7 スペーサーの材質と配置

多くの設計事務所は，**表4.2-1**に示す(社)日本建築学会『JASS 5 鉄筋コンクリート工事』[29]の「11.5 鉄筋の組立て」表11.4に記載されている「バーサポートおよびスペーサーなどの種類および数量・配置の基準」を適用しているが，柱については1986年版では「上段は第1段の帯筋の位置」であったが，1991年版より「上段は梁下より0.5m程度」に改定されている。「改定の主要事項および関連するおもな節・項」

表 4.2-1 バーサポートおよびスペーサーなどの種類および数量・配置の基準
(JASS 5 1986 年版 [29]　[ ] 内は 1991 年版で改定)

| 部　位 | スラブ | 梁 | 柱 |
|---|---|---|---|
| 種　類 | 鋼製・コンクリート製 | 鋼製・コンクリート製 | 鋼製・コンクリート製 |
| 数量または配置 | 上端筋・下端筋それぞれ 1.3 個/m$^3$ 程度 | 間隔は 1.5 m 程度<br>端部は 1.5 m 以内 | 上段は第 1 段の帯筋の位置<br>[上段は梁下より 0.5 m 程度]<br>中段は柱の中間<br>　柱幅 1.0 m まで 2 個<br>　　　1.0 m 以上 3 個 |
| 備　考 |  | 側梁以外の梁は上または下に設置,<br>側梁は側面にも設置 |  |

| 部　位 | 基　礎 | 基　礎　梁 | 壁・地下外壁 |
|---|---|---|---|
| 種　類 | 鋼製・コンクリート製 | 鋼製・コンクリート製 | 鋼製・コンクリート製 |
| 数量または配置 | 面　積<br>　4 m$^2$ 程度　8 個<br>　16 m$^2$ 程度　20 個 | 間隔は 1.5 m 程度<br>端部は 1.5 m 以内 | 上段は第 1 段目の壁筋<br>[上段は梁下より 0.5 m 程度]<br>中段は上段より 1.5 m 下<br>横間隔は 1.5 m 程度<br>端部は 1.5 m 以内 |
| 備　考 |  | 上または下と側面に設置 |  |

(注)　1. 表の数量または配置は 5～6 階程度までの RC 造を対象としている.
　　　2. 梁・柱・基礎梁・壁および地下外壁のスペーサはプラスチック製でもよい.
　　　3. 鉄筋相互のあきは, 粗骨材の最大寸法の 1.25 倍以上かつ 25 mm 以上, また丸鋼では径, 異形鉄筋では呼び名の数値の 1.5 倍以上とする.

には説明が記載されていないため, 当時の委員に尋ねたところ「はっきりした記憶ではないが, 柱頭はプラスチックのスペーサーが一般的に使用されているため, 柱頭の曲げ応力が大きい部分から破壊を起こさせないように異物を避けるために下げたような気がする」との見解であった。阪神・淡路大震災では, 写真 4.2-11～13 に示すように, 1 層が圧壊した層崩壊が多数発生していることから, 複合材である RC 造の曲げ応力が大きい端部に異物が介在することは非常に危険である。

写真 4.2-11　6 階の柱がすべて圧壊し, 層崩壊した神戸市旧庁舎

写真 4.2-12　1 階の柱がすべて圧壊し, 層崩壊した 4 階建てのピロティ建築

写真 4.2-13　フープがなく無拘束の柱主筋。袖壁が柱の圧壊を防いでいる

表 4.2–2 プラスチックスペーサーの柱幅に対する欠陥率

| 欠陥の種類 | ドーナッツスペーサー | 溶接割れ |
|---|---|---|
| 欠陥の最大長さ | $\dfrac{9.5\,\text{cm}}{100\,\text{cm}} \times 100 = 9.5\% \geq$ | $\dfrac{3\,\text{mm}}{40\,\text{mm}} \times 100 = 7.5\%$ |
| 欠陥の合計長さ | $\dfrac{4 \times 9.5}{100\,\text{cm}} \times 100 = 38\% \geq$ | $\dfrac{7\,\text{mm}}{40\,\text{mm}} \times 100 = 17.5\%$ |

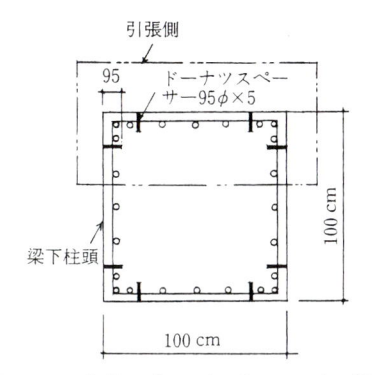

図 4.2–3 柱頭のプラスチックスペーサー配置

写真 4.2–15 高層 RC 用柱頭スペーサー

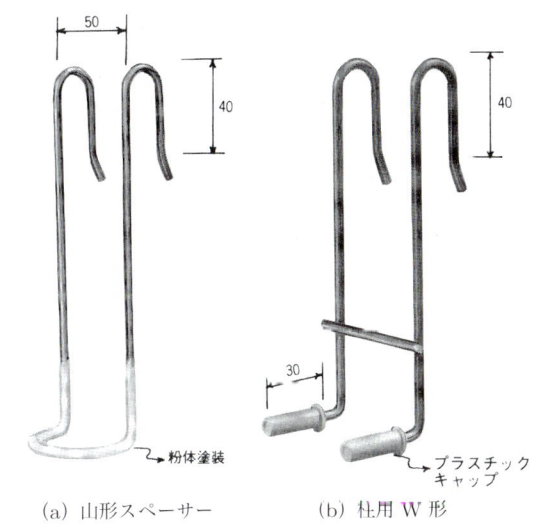

(a) 山形スペーサー　　(b) 柱用 W 形

写真 4.2–14 柱筋スペーサー [23]

プラスチックのスペーサーを異物として考えると，その柱の断面に対する割合（欠陥率）が問題になる。ちなみに，建築鉄骨溶接技能者技量検定試験（AW 検定試験）の曲げ試験片（40 × 19）の合否判定基準で不合格となる項目の中に，「a) いかなる方向にも長さ 3.0 mm を超える割れのある場合，b) 3.0 mm 以下の割れの合計が 7.0 mm を超える場合，その他」とあるので，ここではそれを参考にして検討してみたい。

プラスチックな RC 造では，異物の介在が脆性破壊を引き起こす原因となることが考えられる。仮に RC 造柱の 1 辺が 100 cm の柱頭フープに対して，プラスチックのドーナッツスペーサーを図 4.2–3 に示すように取り付けた場合を検討する。プラスチックのドーナッツスペーサーは耐火性がなく，付着力・圧縮力・線膨張係数等が RC 造と異なるため，溶接の割れに相当する異物の割合を算定し，溶接技量試験が不合格となる判定基準と RC 造柱の引張り側柱幅で両者を比較したのが表 4.2–2 である。

柱幅が 1.0 m を超える場合は，スペーサーが 3 個必要となるため，1.0 m の柱幅より欠陥率が 5/4 = 1.25 倍上昇することになる。溶接技量試験との比較は適当ではないとの批判を受けるであろうが，柱頭にプラスチックのドーナッツスペーサを支うことが，鉄骨の溶接部より危険側になっているといえないだろうか。

設計図書は JASS 5 の一部を適用しているため，構造設計者に以降の設計では「梁・柱・基礎梁・壁・および地下外壁のスペーサーはプラスチック製でもよい」の一文を抹消し，某総合設計事務所の特記に記載されているように「スペーサーはすべて鋼製とし，かぶり厚さ部分に防錆措置を施したものを用いる」と訂正されるように説得している。

筆者は，1977 年に写真 4.2–14 に示す鋼製の山形スペーサーを，翌年には前掲の写真 4.2–7 に示す柱主筋の台直しが生じない柱脚スペーサーを開発した。柱頭には梁直下の第 1 フープに山形スペーサー，および柱の打継ぎ部に最も近いスラブと柱の型枠が取り合う角を利用した柱脚スペーサーを使用している。

高層 RC 造では，主筋が太くてかぶり厚さを確保するためには大きな力が作用するため，3段のフープに荷重が分散するように，**写真 4.2–15** に示すムカデ形の頂部にフックを付け，柱頂部のフープにかけて落下しないようにしたものを使用している。

### 4.2.8 柱筋の自主検査

建物はスパンの大小や耐震壁の配置により，柱の主筋や帯筋数が $X$, $Y$ 方向で異なる配筋になっている場合が多い。過去には1階柱寄せ筋の方向を間違ったままコンクリートを打設して工事を進め，1ヶ月くらい遅れて届いた工事監理報告書の写真で間違っていることが判明し，3階までの躯体を壊して是正した例が報告されている。したがって，主筋と帯筋の方向が正しく配筋されているか否か，全数の自主検査を怠ってはならない。

設計図は共通する柱が断面リストで表示され，符号図が別図に別れている場合，現場では照合が難しい。筆者は図 4.2–4 に示すように，各柱の面ごとに主筋数と帯筋が多い方向を設計図から読み取り，キープランに記入したチェックシートを工事監理者へ提出するように指導している。工事監理者はこのチェックシートを設計図と照合し，設計図と相違ないことを確認する。現場で組立て中の配筋数をチェックシートと照合して検査後は「レ」印のチェックを入れる。

この検査方法は，共通柱と異なる柱がどこにあるかがキープランに転記する段階で把握でき，施工管理者が注意して自主管理をすることができる。配筋が間違っている場合はチェックシート上で鉄筋工へ指示し，是正確認にも利用できるため便利である。

鉄筋工が配筋の組立て方を間違っている部分を職長が是正することが多いが，手間は掛かるが間違えた鉄筋工を呼んで説明し，本人が理解した上で是正させれば再び間違うことを防止することになる。

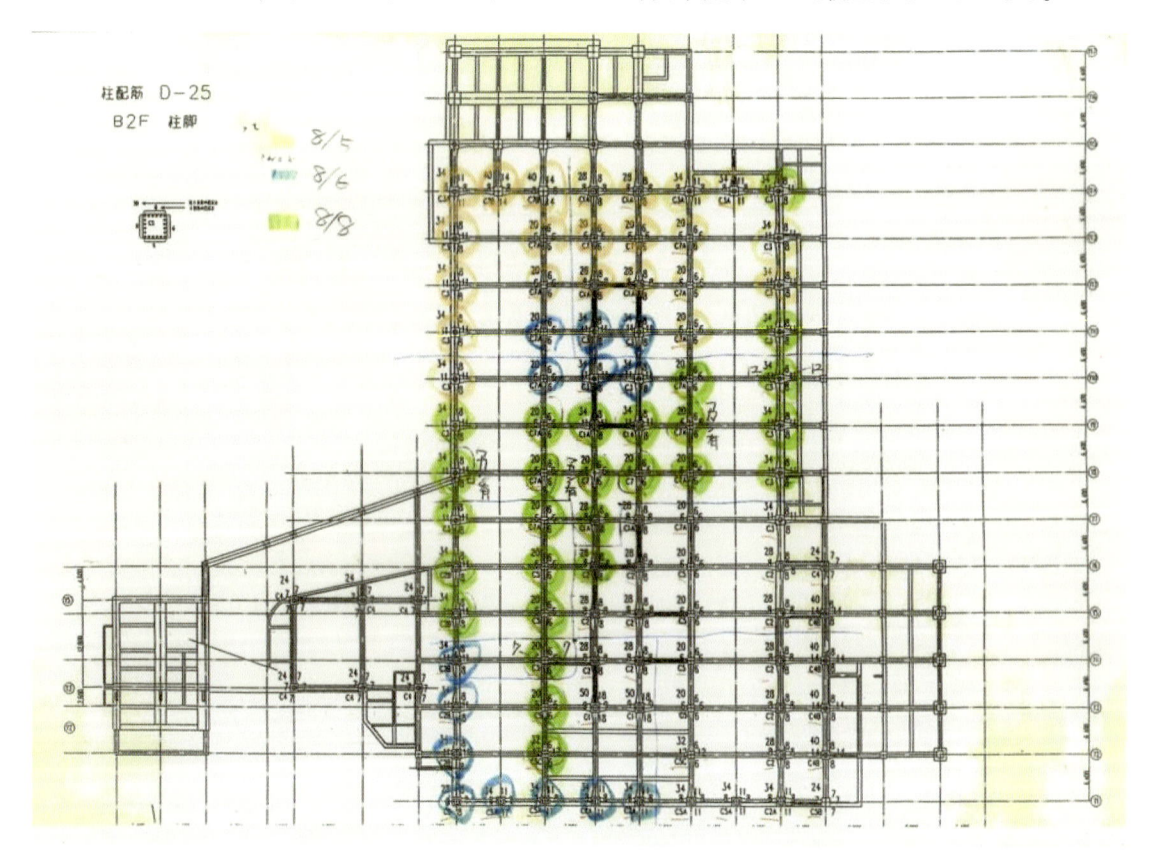

図 4.2–4 キープランに主筋と帯筋を転記したチェックシート

## 4.3 地中梁の配筋

　地中梁には，ベタ基礎や布基礎の場合は地盤からの上向きの反力が作用し，杭基礎で土間スラブが上に載る場合は下向きの荷重が作用する。また，土間スラブが載らない場合は，地震時の応力が支配的となるため，それぞれ配筋や継手位置が異なる。

### 4.3.1 連続基礎の地中梁主筋継手位置

　ベタ基礎や布基礎を連続基礎と称し，**図4.3-1**に示すように，建物の最上階から累積された左右の柱の荷重が連続基礎から地盤へ流れる。布基礎では，この荷重を地中梁のスパンで除した上向きの反力が地中梁に作用する。

　ベタ基礎の場合は，地中梁の支配面積で除した値となるため，いずれの基礎も長期の応力が支配的となり地震の影響は少ない。したがって，地中梁断面が大きく多数の鉄筋継手は，応力が比較的小さい図中のクロス斜線の範囲で設けなければならない。

　**写真4.3-1**は，ベタ基礎の地中梁上端主筋をガス圧接中の状況である。地中梁断面が$2500 \times 2500$ mmと大きいためスターラップは二線メッシュ工法とし，ワイヤメッシュを作業高さに敷き並べて上端筋を配筋している。

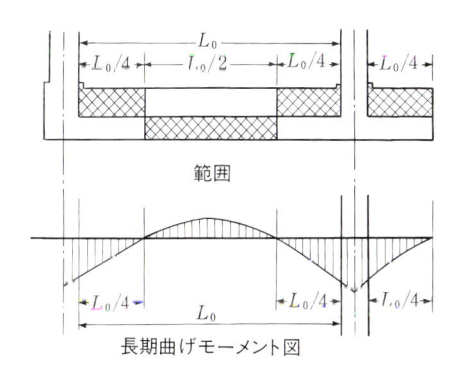

**図4.3-1** 布基礎・ベタ基礎の地中梁主筋継手位置[13]

**写真4.3-1** ベタ基礎の地中梁上端主筋をガス圧接中の状況

### 4.3.2 杭基礎に土間スラブが載る場合の主筋継手位置

　杭基礎の場合は，基礎に作用している荷重は杭が支持するため，地中梁には**図4.3-2**に示すように，鉛直荷重と地震時の水平力による応力を加えた値となる。主筋の継手位置は，**図4.3-1**が上下逆向きとなる。

### 4.3.3 独立基礎で土間スラブがない場合の主筋継手位置

　土間スラブがない場合は，鉛直応力は自重程度であるため，**図4.3-3**に示す地震時の水平応力が小さくなる中央$L_0/2$の範囲が主筋の継手位置となる。

### 4.3.4 地中梁下端の重ね配筋

　地中梁は根伐量を増やさないため，梁成を抑え主筋を重ねて2～3段配筋で断面設計することが一般的であるが，耐圧版の厚さと重ね筋や腹筋の高さが同じ位置になる場合があり，そのまま耐圧版の天端でコンクリートの打継ぎを設ければ，**写真4.3-2**に示すように，コンクリート内部から鉄筋が斜めに現れてくることがある。このようになれば上にコンクリートを打ち継ぐ際に，一部露出した鉄筋が動いて付着力が

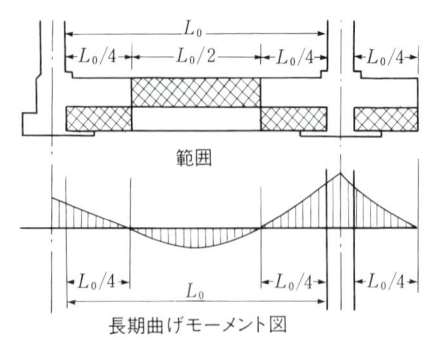

**図 4.3–2** 独立基礎に土間スラブが載る場合の主筋継手位置[13]

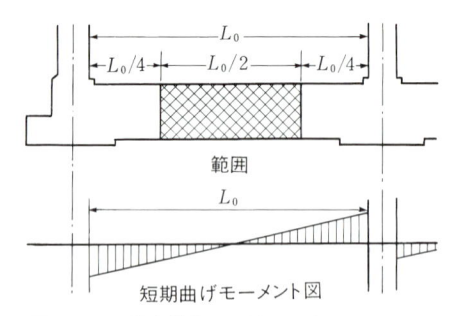

**図 4.3–3** 独立基礎で土間スラブがない場合の主筋継手位置[13]

損なわれ，またコンクリート打設前の洗浄水に混じっているゴミが打継ぎ面に堆積して打継ぎ欠陥となる。したがって，コンクリート内に埋め込むか，または，後配筋としなければならない。

共通仕様書には，鉄筋のあきは主筋径 $d$ の $1.5d$ 以上と記載されているが，これは鉄筋の継手部や多数の鉄筋が並ぶ場合に，あきが小さくなって粗骨材の通過が阻害されないための基準であり，重ね筋上下のあきは $1.5d$ でなければ断面計算上不利となる。

重ね筋を鉄筋工の目測で配筋すれば，あきが大きい場合が多くなり配筋検査で是正を指摘することになる。したがって，**写真 4.3–3** に示すように，あらかじめ重ね筋スペーサーを支い，正確なあきを確保すべきである。

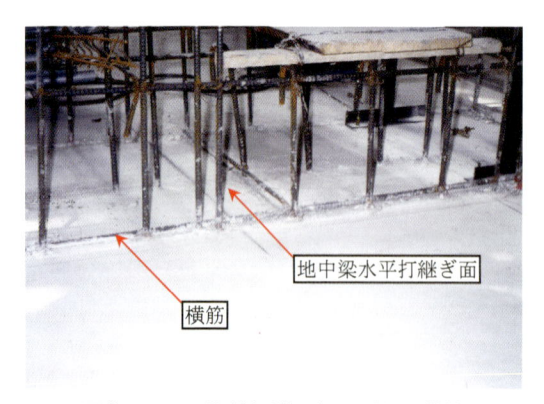

**写真 4.3–2** 耐圧版天端に中から現れた横筋

**写真 4.3–3** 地中梁下端の重ね筋スペーサー

### 4.3.5 宙吊り主筋のあき確保

地中梁の上端を主筋が2～3段の配筋とする場合が多いため，重ね筋のあきを $1.5d$ とするため，従来は上の主筋から S 環で吊り下げていた。S 環は円弧の中心間寸法で注文するため鉄筋径の中心が下がり，あきが大きくなっていることが度々生じている。また，S 形の上側は主筋に掛けるため，スターラップと主筋の結束がゆるみ上端主筋も下がる弊害がある。

**写真 4.3–4** に示す宙吊り筋は，地中梁の端部のみスターラップを逆 U 形に組み，ひねり S 環の上側はスターラップに掛け，下側のフックは勾配を緩くし

**写真 4.3–4** 宙吊り主筋をひねり S 環で吊る

た形状としている例である。

### 4.3.6 置きスラブの付加し筋

置きスラブは，地中梁のコンクリートを打設後に床スラブを施工する場合，床スラブの応力を地中梁へ付加し鉄筋で伝達する。付加し筋の幅を地中梁のスターラップ幅と同じ寸法で加工して配筋した場合，作業荷重により逆U形の下端定着部が開いてかぶり厚さが不足し，手が届かないため結束ができず是正が難しい。

地中梁幅は，床スラブ厚さより大きいため，床の配筋より少なくても応力の伝達は可能であるから，付加し筋の幅は**図 4.3-4**（a）に示すように，地中梁外側主筋の内側に挿入できる幅に加工し，軸方向補強筋の下側へ「7」の字形に加工したバーサポートを支う。ただし，地中梁と壁の側面が同一の場合は，同図（b）に示すように，付加し筋を主筋の外側に配筋しておかないと壁筋との納まりが好ましくない。7の字形バーサポートの定着部は，地中梁の肋筋と上下方向に3ヶ所結束する。3ヶ所のうち，中央はバーサポートに結束線を一巻きする「あだ巻き」にして結束すれば付加し筋の下がりを止め，上下の結束で倒れを防ぐことができる。**写真 4.3-5**は，「7」の字形の先端フックをスターラップ上に置き，通し筋に載せて結束している。**写真 4.3-6**は，置きスラブの地中梁コンクリートを正確な高さに打設し，断熱材の天端とそろった状況である。

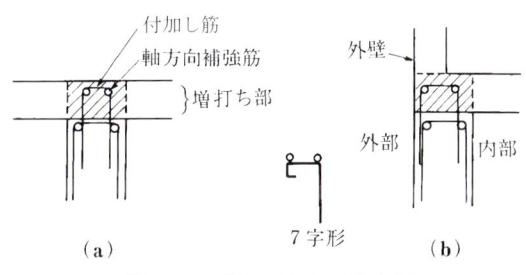

**図 4.3-4** 置きスラブの付加し筋

**写真 4.3-5** 付加し筋の7の字形バーサポート 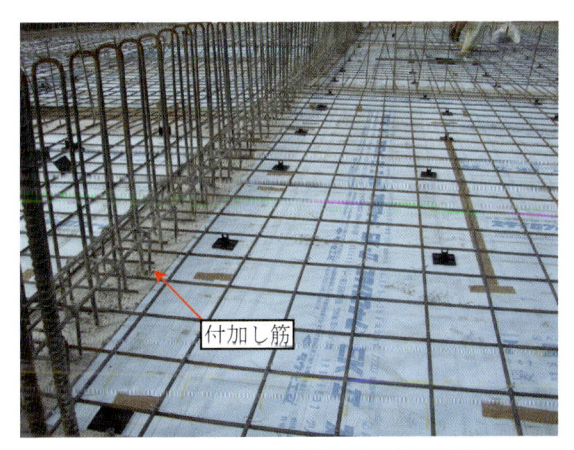　　**写真 4.3-6** 置きスラブ付加し筋の埋込み状況

### 4.3.7 杭の偏心施工に伴う補強配筋

地階がある地下工事では，乗入れ構台の支柱や切梁を支える棚杭等の仮設杭やブレースが多数あり，通り番号の表示が見えにくい場合があるため，補強する地中梁の位置を間違えないようにしなければならない。

杭の偏心補強は，一般的に柱脚をピンと仮定し，上から地中梁を柱で押さえた場合に生じる応力の引張り側に補強配筋を行う。杭が偏心した場合に生じる曲げモーメントは，**図 2.1-4**に示すように，柱の左右で引張力が地中梁の上下に変化するため，補強配筋は応力図が描かれている引張り側に補強配筋をする。

## 4.3.8 人通孔の開口補強

人通孔は直径が600～700φとなるため補強筋の重量が多くなり，梁全体が下がってスターラップの下端でかぶり不足となる場合がある。したがって，バーサポートの強度や倒れが生じないように施工しなければならない。

人通孔や設備スリーブの径と位置は，レベルコンクリートに墨出しの上，色分けして標示してあるから，孔の両側にはあらかじめバーサポートを多めに支う。配筋後にバーサポートを梁下に挿入することは非常に困難な作業となる。

人通孔は，斜め筋で補強する設計が一般的であるが，斜め筋を45°に4方向で多数組み立てる配筋は，鉄筋が重なって離れた鉄筋と結束しなければならないため，ゆるまないように結束することが非常に困難な作業であり，正確な配筋は難しい。そこで，写真4.3-7に示すように，人通孔の上下は主筋の座屈を拘束するU形筋を主筋径の8倍以下となるように，下端筋はU形でスリーブの接線方向に向け，スリーブ心より$40d$の定着長さを確保して，先端をスターラップラップの内側へ配筋する。その後，耐圧版のコンクリートを打設する。

この工法は，狭い間隔に配筋されたスターラップを通過して作業する場合に障害物がなく作業性がよく，トラス効果でせん断力が伝達される。写真4.3-8に示すように，上端主筋の拘束は$8d$以下となるように逆U形筋を「ハ」の字にスリーブの接線方向に配筋する。

**写真4.3-7** 耐圧版配筋中の地中梁主筋拘束配筋

**写真4.3-8** 人通孔の斜め筋をスパーレンで補強

45°方向の斜め筋断面積に相当する鉄筋量を一筆画きのスパーレンで補強し，耐圧版から人通孔の高さに合わせた長さのサポートを，スパーレン中央下端のスペーサー兼用として工場製作で搬入し，スパーレンの重量は耐圧版で支持する。したがって，人通孔の部分だけ地中梁配筋が下がることはなく，スリーブに対するかぶり厚さも全周にわたって均等に確保できる。

## 4.3.9 鉛直打継ぎ部の補強筋

鉛直打継ぎ面では，仕切り型枠材の種類や取付け精度によりノロ漏れやパンクが生じてコンクリートが流出し，落ち着くまで放置される場合がある。締固めができないコンクリートは，強度不足や水平鉄筋下端に空洞が生じ，鉄筋上端のかぶり不足を招く場合があり，打継ぎ性能が危惧される。

試験室での実験による鉛直打継ぎ目の強度について，既往の文献からまとめたものを表4.3-1に示す。打継ぎ部は計画的に注意しながら施工しても100％の継手は難しいため，設計時点で打継ぎ部の補強配筋要領を図示しておくことが重要である。

打継ぎ補強筋が設計図に特記されていない場合は，コンクリートの抵抗せん断力の2/3以上を60°に配筋したせん断補強筋で負担させ，1/3はコンクリートの付着力で負担させる程度で算定する。せん断補強

表 4.3-1 鉛直打継ぎ目の強度比[14)]

| 打継ぎ方法 | 強度比 |
|---|---|
| 旧コンクリートの打継ぎ面へそのまま打ち継いだ場合 | 約 57% |
| 打継ぎ面へコンクリート中のモルタルを塗り付けて打ち継いだ場合 | 約 72% |
| 打継ぎ面へセメントペーストを塗って打ち継いだ場合 | 約 77% |
| 打継ぎ面を約 1 mm 削り，セメントペーストを塗って打ち継いだ場合 | 約 83% |
| 打継ぎ面へセメントペーストを塗って打ち継ぎ，約 3 時間後に振動を与えて，再び締め固めた場合 | 約 98% |

写真 4.3-9 鉛直打継ぎ部のせん断補強筋

筋の定着部は地中梁主筋の内側へ上下とも配筋し，コンクリート打設中に移動しないように段取り筋を入れて固定する。段取り筋や仕切り型枠に使用した鉄材が，かぶり部分へはみ出ていないことを確認する。

**写真 4.3-9** は，低層部の地中梁を先行してコンクリートを打設する際，鉛直打継ぎ面の仕切り型枠にエキスパンドメタルを使用し，超高層と接続する地中梁に対して斜めにせん断補強筋を配筋した施工例である。

### 4.3.10 二線メッシュ工法の継手

地中梁の断面が大きく，スターラップが一本の鉄筋では加工が困難で組立てを省力化する場合，スターラップを一定幅で工場溶接したユニットを地中梁の位置に並べ，継手は横筋を一本飛ばしで重ね継手とする二線メッシュ工法（**写真 4.3-10**）が普及している。この工法は，耐圧版に U 形の下部ユニットを打ち込み，耐圧版上で溶接メッシュを重ね継手とするが，幅が 900 mm 程度のユニットであるため，横筋の重ね継手が必要である。横筋はなぜか一本飛ばしで継手を設ければよいことで認定されている。

地中梁は断面が大きく，耐圧版で下端が固定された上にコンクリートを打ち継ぐことになる関係で，マスコンクリートの影響によるひび割れが水平打継ぎ面より上部へ入るため，二線メッシュユニットの継手で鉄筋の断面が少なくなった部分にひび割れが入ると考えられる。そこで，横筋ごとに継手を設けたところ，**写真 4.3-11** に示すように，耐圧版上面付近のひび割れ幅は 0.15 mm と許容値以内に抑えられたが，

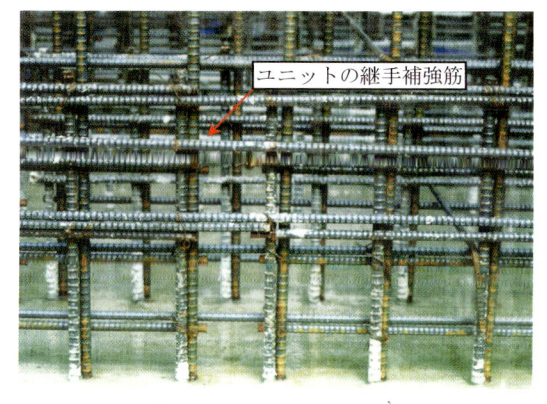

写真 4.3-10 二線メッシュ工法

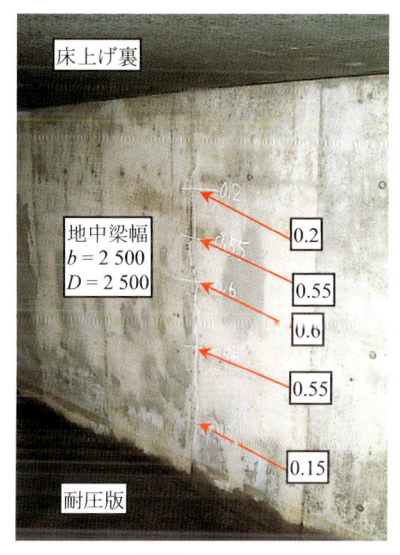

写真 4.3-11

腹筋の設計間隔が D13 @ 300 程度と粗くなった部分は、ひび割れ幅が 0.6 mm まで大きくなった。置きスラブ下端は地中梁の上端主筋があるため、ひび割れ幅が小さくなっている。したがって、地中梁の腹筋は、マスコンクリートのひび割れに抵抗できる鉄筋量が必要である。

耐圧版天端から上に生じたひび割れが許容値以内であっても、湧水が滞留して毛細管現象で水頭の上昇が考えられる。ひび割れが発生すれば鉄筋が錆びて耐久性へ悪影響が及ぶため、**写真 4.3–12** の例では、重ね継手の横筋末端にフックを付けてひび割れをなくしている。

**写真 4.3–12** 二線メッシュのフック付き継手例

### 4.3.11 水平ハンチ

地中梁の水平ハンチは、鉄骨のボックス柱や構真柱の外側から抱き込む場合、ハンチ起点では外向きの合力が発生するため、スターラップを増して拘束するように配筋しなければならないが、型枠が組み立てられた後でスターラップを追加することは、手戻り作業が他の職種に及ぶため極めて困難である。この対策として、梁貫通孔の上下主筋を拘束するため、ステッキ状の鉄筋でフックを主筋に掛け、スターラップに囲まれたコア内に定着して主筋の座屈を拘束する効果を実験した結果、その効果が後述の**写真 4.5–18** に示すように確認された。**図 4.3–5** は、これを水平ハンチ起点の補強に応用した例である。

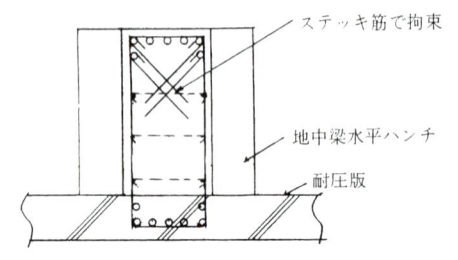

**図 4.3–5** 水平ハンチ起点の主筋拘束補強例

## 4.4 壁の配筋

### 4.4.1 地下外壁の縦差し筋

地階の壁は、山留めに接して設けられることが多く、漏水対策として二重壁となるため柱の外面にそろえた設計となる。また、土圧と水圧が面外方向に作用するため壁が厚く、太い鉄筋を多数配筋することになる。

鉄筋のかぶり厚さは、地上階より 10 mm 厚い 40 mm であるが、土留めが躯体側へ食い込まないだけの施工誤差を見込んだ施工をするため、外部側のかぶり厚さは必然的に大きくなる。壁が柱と同面の場合は地中梁も当然柱面にそろえるが、地中梁の主筋は柱主筋の内側へ配筋するため、柱の主筋径だけ内側にある。したがって、壁の縦差し筋を地中梁主筋へ結束すれば、壁スラブの応力が最も大きい端部の外側鉄筋から壁の内側までの有効成が小さくなるから、縦差し筋を地中梁主筋へ直接結束してはならない。

壁の縦方向差し筋を正しい位置へ配筋する方法として、筆者は**写真 4.4–1** に示す「差し筋スペーサー」を使用し、地中梁主筋より外側へ持ち出して通し筋を支持している。壁内側の位置は、各スパンとも壁横筋と直交する柱のフープ筋や肋筋等へ粘着テープで印を付け、水糸を張って肋筋上に載せた通し筋と差し筋スペーサーを取り付けた後、縦差し筋を内外とも通し筋に結束し、縦方向差し筋の有効成を確保している。

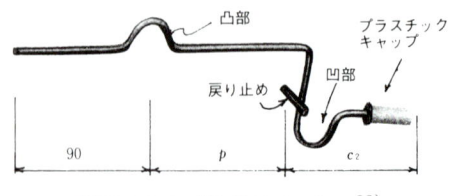

**写真 4.4–1** 差し筋スペーサー [23]

4.4 壁の配筋　55

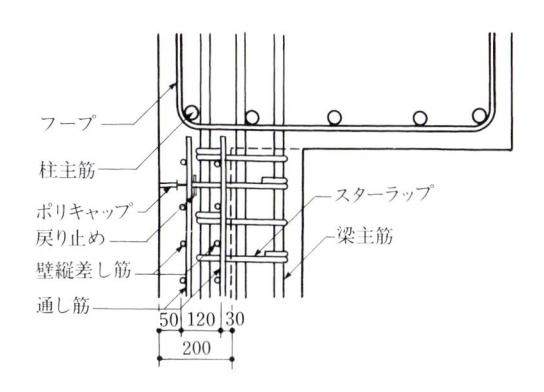

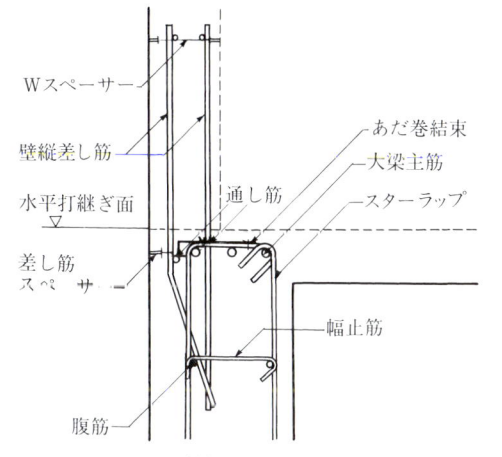

図 4.4-1　地下外壁縦差し筋の確実な配筋方法

写真 4.4-2　差し筋スペーサーの取付け例

写真 4.4-3　差し筋スペーサーを使用した打込み精度

縦差し筋を平行，かつ鉛直にするためには，図 4.4-1 に示すように，差し筋上部に横筋を通し，「W スペーサー」を支う。写真 4.4-2 は差し筋スペーサーの使用例である。また写真 4.4-3 は，差し筋スペーサーを使用して地中梁コンクリートを打設し，差し筋が精度よく打ち込まれている様子である。

### 4.4.2　地下外壁のひび割れ制御

地下外壁は前項で述べた理由により，壁が厚く耐圧版のコンクリートが硬化した後の施工となる。耐圧版の上に載る壁のコンクリートは，脚部が耐圧版で拘束されているため，セメントが水と反応するときに発生する水和熱の影響で，マスコンクリート特有のひび割れが下から上の方へ延びていく。

建物の長さが長い場合は，建物の両端から数スパンにコンクリートの乾燥収縮による「逆ハ」の字状にひび割れが下から斜め上に向かって伸展していく。

壁の縦と横の比率（アスペクト比）にもよるが，土圧と水圧の影響で縦筋が多い配筋となっている場合が多い。横筋の鉄筋量が縦筋に比べて極端に少ない場合は，ひび割れが下から上方へ数本発生する可能性があるため，壁の単位長さに対する断面積に対して，経験的には 0.7 ％以上の鉄筋断面積を確保したい。

写真 4.4-4 は，階高が 7 m で 800 mm 厚の地下壁を 2 層に

写真 4.4-4　横筋比を 0.7 ％に増し筋した地下壁

分割してコンクリートを打設した例であるが、横筋の鉄筋量が少ないためコンクリート打込み高さの下側半分まで横筋比を 0.7 % に増し筋している。第 1 層の枠組み足場上段は設計間隔であるが、下の段は上段の 1/2 間隔で配筋している。**写真 4.4–5** は、第 2 層の配筋も第 1 層の天端より打込み高さの下側半分までを 0.7 % に増し筋してコンクリートを打設したところ、第 1 層からの漏水はないが、第 2 層目の横筋間隔が 2 倍になった位置にひび割れが発生し、漏水している様子である。

**写真 4.4–5** 第 2 層の 1/2 高さより漏水

### 4.4.3 貯留槽壁の水平打継ぎ配筋

雑排水槽・汚水槽等の貯留槽は、地中梁成の高さに設置されるのが一般的であるが、大規模なビルでは、蓄熱槽や消防水槽が耐圧版から地中梁成と階高を含めた深い槽の設計がある。コンクリートの打込み高さは 4 m くらいで打ち継ぐため、打継ぎ部の応力に対して鉄筋のかぶり厚さと面外方向鉄筋のあきが、水圧が作用する壁の断面性能に影響を及ぼす。

**図 4.4–2** に示すように、消防水槽壁の縦差し筋位置がずれ、かぶり厚さ $c$ が必要以上に大きくなれば面外方向の鉄筋のあきが狭くなり、圧縮側コンクリート面から引張り側差し筋までの成 $d$ が不足し、壁スラブ端部の応力を負担できなくなる。

本例の躯体図を詳しく見ると、差し筋のあきが狭くなった部分は、地中梁を境に反対側は受水槽置き場があり、下部は床スラブ高さが段違いになっているため、壁スラブは地中小梁の天端を固定端として設計されていたが、不足している差し筋で負担可能な応力とするため、受水槽置き場の床スラブを固定端とみなすように発想を変え、地中梁も壁の一部として端部が変断面のハンチとみなして検討した。その結果、**図 4.4–3** に示すように、設計変更後には原設計と比べ壁スラブの高さが大きくなり、最大応力が縦筋から横筋方向に変化する。差し筋のあきが狭くなった水平打継ぎ部は、配力筋方向の応力 $M_{y2}$ が小さくなるため、検討した結果、安全であることが確認された。

壁スラブの縦と横の比が逆転して増加する横筋は、後施工のため補強が可能であるから、横筋を補強した例である。

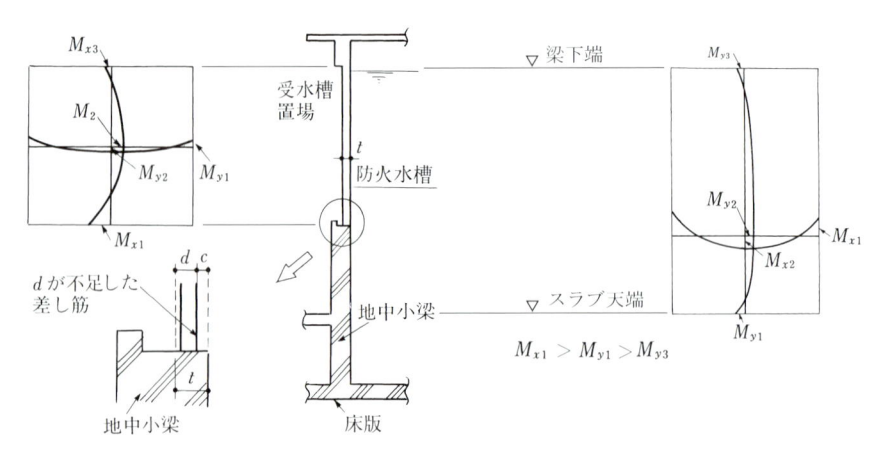

**図 4.4–2** 防火水槽断面図と壁の応力図    **図 4.4–3** 防火水槽壁変更後の応力図

## 4.4.4 スリーブ配置の調整

設備機械室は，騒音や振動が発生するため RC 造の壁で区画される。この壁は，構造計画で耐震壁として厚い壁で設計されていることが多く，現場で躯体図にスリーブを配置した結果，耐震壁の条件を満たさなくなる場合がある。

設備機械室からメインのダクト・配管・ケーブルラック等が出ていくため，構造計画ではスリーブが設置される方向を設備設計者と打合せの上，耐震壁の位置を決めなければならない。耐震壁は開口補強筋が多いため，スリーブが多数貫通する壁は，ダブル配筋の開口補強筋のあきが確保できる厚さの雑壁で設計しておけば無駄な配筋がなくなる。

耐震壁の開口幅は，柱内法寸法の 40 % 未満となるように設備係と調整し，スリーブが多く耐震壁として利用できなくなった壁は雑壁として考える。**写真 4.4-6** に示すスリーブは，成が低いスリーブは重なるように配置し，配筋やコンクリート打設が容易となるように調整した例である。耐震壁として利用できなくなった場合は，構造設計者が地下外壁やその他の耐震壁を再検討の上，安全性を確認しなければならない。

**写真 4.4-6** 整理して配置したスリーブ

## 4.4.5 壁の縦方向差し筋

壁の配筋は鉄筋径が細いため，柱のように階高まで一度では施工できない。したがって，地中梁への定着長さとコンクリート打設後に鉄筋を繋ぐ重ね長さを加えた鉄筋を配筋する。これを「差し筋」という。縦方向の差し筋は，コンクリートの打継ぎ部を固定端とする連結材であるため，面外方向のダブル配筋のあきとかぶり厚さを確保することが要求される。

壁の配筋中には，水平打継ぎ部に片方の型枠がないため，差し筋のかぶり厚さや縦筋相互のあきが狂いやすい。**図 4.4-4** に示す例では，エレベーターシャフトの差し筋を施工するに当たり，事前にコンクリート打設後に実測することを告げていたため慎重に施工したはずであるが，結果は実測図に示すように差し筋のかぶり厚さや縦筋相互のあきが適正さを欠いている部分がある。**写真 4.4-7** は実測状況である。

壁の差し筋は，工区ごとの最後に行う配筋となるため，配筋検査時に施工が終わっていない場合には忘れることがある。**写真 4.4-8** に示す差し筋は，現場巡回中に発見した「あと施工アンカー」である。

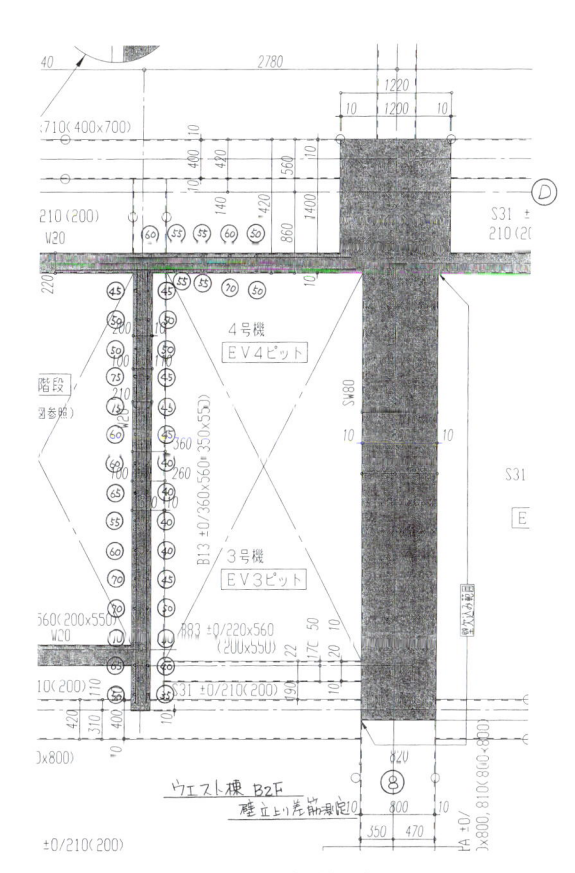

**図 4.4-4** 差し筋の実測図

**写真 4.4–7** 差し筋の実測状況

**写真 4.4–8** 外壁の差し筋忘れをあと施工アンカーで処理済み

外壁の打継ぎ部をこのように安易な方法で対処すれば，大地震が襲来した時に面外方向へ壁がずれる恐れがある。この現場では**写真 4.4–9** に示すように，外壁の差し筋を肋筋へ溶接するため，大梁を斫る範囲をコンクリートカッターで切り，後施工のコンクリートが主筋を包むように，主筋の内側 50 mm まで斫り，肋筋と差し筋を溶接している。手戻り作業は発生材の処理を含めた多大な費用と工期の遅れを要することになる。

**写真 4.4–9** 外側の差し筋はあと施工アンカーを溶接に是正，内側の差し筋はエポキシ樹脂注入

### 4.4.6 先組み配筋

型枠大工と鉄筋工の割合にバランスを欠き型枠大工が少ない場合は，鉄筋工が手待ち状態となるため**写真 4.4–10** に示すように，片面の型枠を建て込む前に壁筋を先組みすることがある。そのため，開口部の小口塞ぎ型枠が取り付けられた後で，縦方向の開口補強筋が斜めに配筋されていることに気付く場合がある。

開口補強筋が斜めに配筋された場合，開口部から大きく離れていれば，補強筋の位置までは無筋コンクリートとなるから，ひび割れが発生しやすくひび割れ幅も拡大することになる。したがって先組みする場合は，地墨に対して開口補強縦筋を鉛直に配筋した後で，横筋の先端をそろえるようにしなければならない。

**写真 4.4–10** 壁の先組み配筋

開口補強筋が斜めに配筋されていれば，壁筋も開口部まで届かない。このため**図4.4-5**に示すように，⊐形を長めに加工した幅止め筋と壁筋を重ね継手とする是正措置が必要となる。

### 4.4.7 壁のひび割れ
#### (1) コンクリートの収縮ひずみ
コンクリートがひび割れするのは，セメントが水和反応をする際に生じる組織の変化に伴う自己収縮と，水分が蒸発して乾燥収縮による体積変化により生じる収縮ひずみ現象が原因である。収縮するする材料であっても，RC造の建物に使用した場合は，構造性能・漏水・美観等を損なわない程度に対策を講じなければならない。

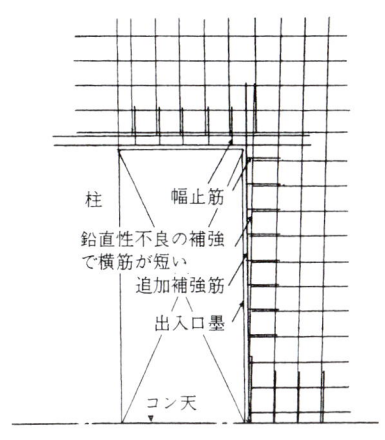

**図 4.4-5** 開口補強筋と壁筋の継ぎ足し是正

#### (2) ひび割れの制御
壁に発生するひび割れは，壁の位置によりひび割れ方向が異なるため，壁厚に対する鉄筋量・壁面積・誘発目地・開口補強筋・コンクリートの調合および打設方法等により，悪影響が及ばない程度に制御しなければならない。

#### (3) 下層と上層に発生するひび割れ
**写真4.4-11**に示す外壁のひび割れは，剛性が大きい地中梁や地下外壁の上にある壁で，建物の両端付近に多く見られる「逆ハ」の字ひび割れである。このような壁は，建物長さの中心から両端に向かって収縮ひずみが累積されるため，下端から斜め上にひび割れが伸展する。

**写真4.4-12**に示す最上階の「ハ」の字ひび割れは，夏に屋根の温度が上昇して膨張するひずみ量が，収縮ひずみより大きいために生じるひび割れである。この建物は1スパンの外壁に「逆ハ」と「ハ」の字ひび割れが発生している珍しい例で，コンクリート

**写真 4.4-11** 下層階に入る建物両端のひび割れ

**写真 4.4-12** 上層階に発生する「ハ」の字ひび割れ

**写真 4.4-13** スパンが大きい建物中央付近のひび割れ

打設に際して加水された疑いがある。また，スパンの中央では梁とスラブで拘束されているため，スパンが大きい壁では，**写真4.4-13**に示すような，下端から上方へ伸展するひび割れが発生する。

### (4) 特殊な壁は異符号

収縮ひび割れに対し，**図4.4-6**に示すようなひび割れ補強筋を壁配筋のほかに配筋するように，配筋基準図に記載されている設計が一般的である。しかし，配筋基準図の記載のみでは，施工する段階で補強筋を入れ忘れることがあるため，軸組図や躯体図に壁符号を変えた補強壁とすることが，間違いを起こさないためには重要である。

### (5) ひび割れ補強筋のフック

斜めひび割れ補強筋を入れ忘れて後からダブル配筋の中に挿入する場合は，組立ての際に一本物では施工が困難であるため重ね継手とする場合が多いが，ひび割れはコンクリートの強度が十分に発現される前の型枠脱型後に発生することが多い。これはコンクリートの収縮力より鉄筋との付着力が小さいことが原因である。したがって，異形鉄筋の場合でも末端にフックを付け，コンクリートに支圧力を加えてひび割れに抵抗させると効果が大きい。

**図4.4-6** Aタイプの鉄筋末端を柱または梁へ定着するように特記されている設計は，一般的な梁筋の落とし込みができない。壁スラブが付帯ラーメンに拘束されて斜めひび割れが生じるため，**写真4.4-14**に示すように柱や梁への定着は不要である。

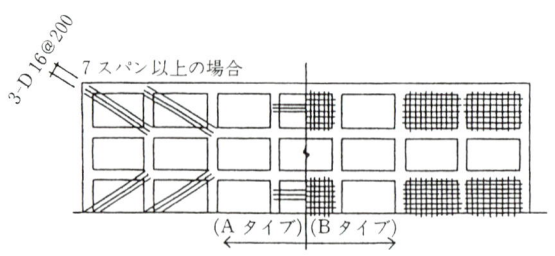

注 1) 補強筋は 3-D16 @ 200 を壁厚中央に配し，柱または梁に 35d 以上定着する。(Aタイプ)
 2) 壁筋増量による補強の場合には，外側壁筋を縦・横ともに @ 100 以下に配置する。鉄筋径・間隔は構造図による（構造図にない場合は，縦・横とも D10-@ 100 とする）。(Bタイプ)

**図4.4-6** 壁のひび割れ補強配筋基準例

**写真4.4-14** 1階盲壁ひび割れ補強配筋例

### (6) 目地にひび割れを誘発

意匠的には 3 m 程度ごとに縦目地を設ける場合が一般的であるが，目地棒を打ち込んでコンクリートに断面欠損を設けただけではひび割れを誘発させることはできない。この目地を誘発目地とするには，横筋の最下部 1 段を目地の中心で切断すれば，目地の位置で確実にひび割れを発生させることができる。その際は防水のためシーリング目地として，鉄筋の錆の進行を防ぐ措置が必要である。

## 4.4.8 壁の開口隅角部のひび割れとその補強

長い建物の両端に近いスパンの開口部は，隅角部に発生する応力集中により，型枠脱型後の乾燥収縮で斜めにひび割れが発生する確率が高い。このひび割れを防止する設計式がないため，一般的には斜め補強筋やワイヤメッシュで設計される場合が多い。ワイヤメッシュを壁筋の外側に配筋した場合は，かぶり厚さが不足して空洞や豆板ができることが多く，ひび割れ防止にはなっていない。

ワイヤメッシュや壁筋の中間へ平行に配筋する補強は，ひび割れを分散させて一本のひび割れ幅を小さくする手法であるが，許容値とされる 0.2 mm 以下に抑えることは難しく，有効な補強とはいえない。

写真 4.4–15 は，街で見かけた外壁の開口部から伸展したひび割れである．漏水のため，ひび割れに沿って防水シールを施した様子が判る．

版(スラブ)の入隅に生じる応力について，故松井源吾先生が「建築技術」(1971 年 1 月号) に「孔あき材の応力と強度」と題する実験結果を発表されている．これによると，図 4.4–7 の開口部の応力図に示す 45°線上の応力が，開口部から遠ざかるにつれて急激に減少し，開口がないときの応力を示す破線に近づいている．

この実験結果で示されているのは入隅を丸めた場合の応力図であるが，開口がない場合の応力 $T$ に対して，入隅では $6T$ の応力が生じている．入隅を直角にした場合の応力は，理論的には無限大になる．同図からわかるように，入隅から発生するひび割れを防止するには，開口部に近いほうの応力が大きいため斜め補強筋の断面積を大きくし，45°線上の応力が破線に近づく一定の範囲まで補強の範囲を広げるとよい．

入隅の応力集中を少なくする対策として，型枠に丸みを付ける簡単な方法があれば目的が達成されることになる．電車の窓や船舶の開口部が写真 4.4–16 に示すように，入隅を丸くしているのも応力集中を低減する対策である．

写真 4.4–17 に示すポツ窓の外壁はひび割れが生じやすいため，最下層を除く 1，2 階外壁の開口部に「コーナーフォーム ＋ コーナーリング」を採用した結果を，在来工法と比較して詳細に報告[15]しているので参照されたい．

28 階建てマンションの地階耐震壁厚 800 mm の出入口に，斜め筋は D16 のコーナーリング 4 枚，入隅にはコーナーフォームを使用した写真 4.4–18 に示す例では，竣工後も小さなひび割れさえ発生しなかった（写真 4.4–19）．

出入口に接近したスリーブは，出入口の上部入隅からスリーブの下端入隅と繋がるひび割れが発生するため，開口隅角部からなるべく離した位置へ移動し，ひび割れがスリーブの隅

写真 4.4–15 街頭で見かける開口隅角部より伸展したひび割れ

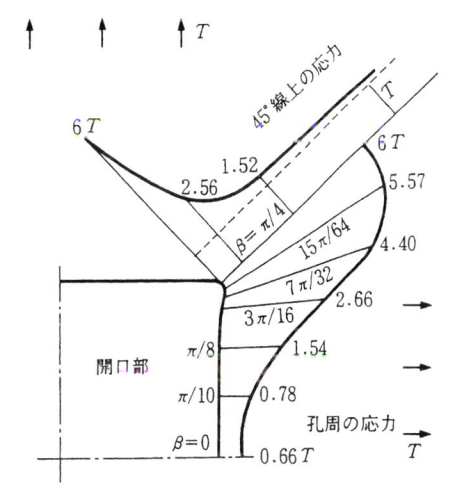

図 4.4–7 開口部の応力図

写真 4.4–16 応力集中を緩和した電車の窓

写真 4.4–17 ひび割れ対策をした地上階壁

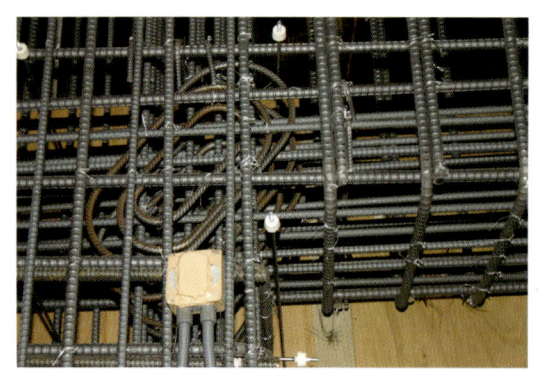

**写真 4.4–18** 耐震壁厚 800 mm の開口補強筋に D16 のコーナーリングを採用した例

**写真 4.4–19** 入隅のコーナーフォーム脱型後

角部へ繋がらないような調整が必要である。また，スリーブの辺長が小さくコーナーリングが重なる場合は，**写真 4.4–20** に示すように，一方を斜め補強筋としてその末端にはフックを付ければ効果的である。

### 4.4.9 腰壁・垂れ壁

柱に接する腰壁や垂れ壁には，耐震スリットを設ける場合が多い。腰壁や垂れ壁は縦・横の比が大きいため，梁や片持スラブの先端から縦筋のみが片持ち状態となる。したがって，面外方向のかぶり厚さとダブル配筋相互のあきが正しく配筋されていなければならない。

**写真 4.4–20** 出入口の隅角部から離したスリーブ

**写真 4.4–21** は，垂れ壁の型枠内に先組みした状態で，垂れ壁の下端が下がらないように縦筋を逆「7」の字に加工して壁底にバー形スペーサーを支い，壁には W スペーサーを使用してかぶり厚さとあきを確保した例である。垂れ壁に多数のスリーブが取り付く場合も，**写真 4.3–22** に示すように，地上で先組みと

**写真 4.4–21** 垂れ壁の先組み型枠と配筋

**写真 4.4–22** 垂れ壁の先組み型枠と開口補強配筋

して正確に開口補強を行っている。

　階段の先端に取り付く手摺壁は，段鼻筋先端ではフックの内側に通し筋を配筋し，手摺壁の縦筋は通し筋の内側へ配筋して，地震時の面外方向の曲げモーメントに抵抗できるように組み立てる。

　階段の最上部では，上りの階段がなく吹抜けの手摺壁高さが法規で 1 100 mm 以上必要となるため，縦筋の加工長さを間違えないようにしなければならない。

　バルコニーの手摺は，片持スラブの先端に取り付き，下端には水切り目地棒が型枠面より突き出しているため壁筋の下端にバーサポートが支いにくい。そこで，最下段のセパレーターの高さを鉄筋のかぶり厚さに合わせ，鋼製のバーサポートをセパレーターの下に支って結束する。その上に受筋を通して手摺壁の縦筋下部は切放しとせず，直角に曲げ加工した縦筋を通し筋の上に載せて結束する。

### 4.4.10　耐震スリット

　新耐震設計法では，柱の長さが柱幅の 2.5 倍以上とるように規定している。したがって，腰壁や垂れ壁で短柱とならないように，柱際や壁の脚部に切れ目を入れて隙間を設ける「耐震スリット」が有効な手段として多用されている。

　この措置を講ずれば構造設計は簡単になるが，コンクリート打設時に生じるスリット材の湾曲や，防水処理が難しい。したがって，耐震設計上邪魔な壁は RC 造としないほうが納まりはよいが，ALC 版やセメント中空板を使用した場合のジョイントシールの耐久性が短いため，維持費が嵩むことになる。

　写真 4.4-23 の例では，壁のタイル割から耐震スリットの位置を決めたようであるが，スリット材と窓までの幅が狭いため壁筋や開口補強配筋が難しく，袖壁の面外方向の強度が保てなくなっている。このような場合は，躯体図の検討段階で，窓幅を大きくして耐震スリットは腰壁のみにすべきである。

　最近の構造設計は，耐震スリットが左右の柱際と壁下端の 3 方に設けられており，マンション建築では狭い袖壁に設備配管のスリーブがあるため，袖壁の強度が不足する場合がある。このようなケースでは，腰壁の支持が錆び止め塗装したダボ筋程度では不安定で耐久性が得られない。

　耐震スリットを除いた袖壁の最低長さは，両端部の縦筋に品確法のかぶり厚さとスリーブ径を考慮すれば 300 mm 以上が必要であるため，短い袖壁にも構造設計どおりに耐震スリットを設ければ，水平力で雑壁の崩壊を招く恐れがある。ラーメンの損傷は免れても居室としての性能や崩壊した落下物の危険性があり，次に襲来する大地震で被害を受ける前に，施工現場の状況を考慮した構造設計基準に改めるべきである。

**写真 4.4-23**　耐震スリットの位置不具合例

## 4.5　大梁の配筋

### 4.5.1　大梁の応力

　大梁は床の長期荷重を支持するとともに，柱間を繋いでラーメン構造を構成する耐震上重要な部材である。固定荷重や積載荷重は，鉛直方向にのみ作用するため大梁の端部では図 4.5-1 に示すように，上端に曲げモーメントによる引張力が，下端に圧縮力が生じる。一方，地震時の水平力が作用すれば，大梁端部の下端は最上階付近を除き長期の応力を超える引張力が生じる。

部材の断面設計は，長期と短期の応力を加えた応力で算定するため，主筋数を変化させる場合やガス圧接で主筋を接合する場合は，曲げモーメントが少なくなる位置に設けることが原則であるから，両端部から内法スパンの1/4を基準としている。

### 4.5.2 大梁主筋の定着

大梁は，地震時に鉛直応力よりはるかに大きい水平荷重による応力が支配的となるため，上下の主筋は引張力が生じる。外柱のト形仕口では，大梁の主筋が柱から抜け出さないように，JASS 5では柱幅 $D$ の $3/4D$ 以上の水平定着長さを確保した位置に90°のフックを付け，余長を $10d$ 以上確保しなければならない規準となっている。

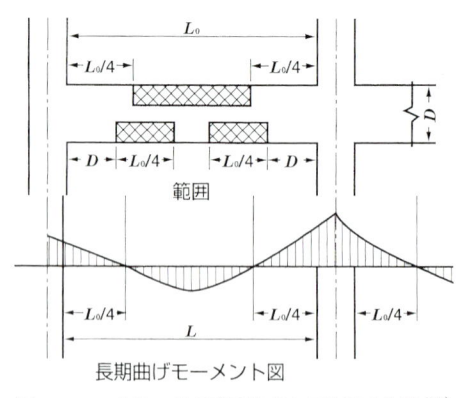

図 4.5–1 大梁の鉛直荷重時応力図と継手位置[13]

定着フックの向きは**図 4.5–2** に示すように，主筋に引張力が生じた際に定着部のフックで支圧を受けるコンクリートが，圧縮側となるように下端筋のフックを上へ向けるようになった。型枠内へ落とし込む前の配筋状況を**写真 4.5–1** に示す。

従来は，大梁下端筋の定着フックを下向きで配筋していたため嫌がる鉄筋工もいるが，定着フックが倒れないように仮に結束しておけば，落とし込む時はかえってスムーズに所定の位置へ収まるようである。

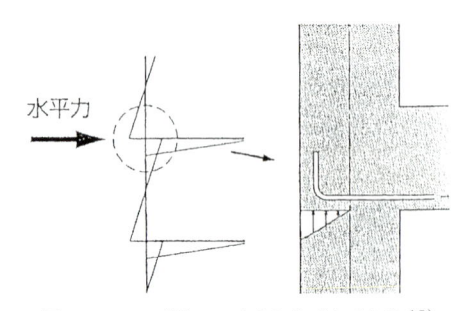

図 4.5–2 ト形仕口の応力と曲げ上げ定着[13]

写真 4.5–1 曲げ上げ定着の落とし込み配筋状況

### 4.5.3 梁の断面計算

RC造の断面計算では，引張力に対してはコンクリートの引張強度を無視して鉄筋のみの強度で鉄筋量を算定している。圧縮力に対しては鉄筋とコンクリートが負担し，この負担割合はヤング係数比から通常15：1として設計している。部材の圧縮側の中心から引張り側の鉄筋中心までの成を応力中心距離というが，鉄筋量 $a_t$ は釣合い鉄筋比以下であれば，曲げモーメント $M$ を応力中心距離 $j$ と鉄筋の許容応力度 $f_t$ で除した値となる。したがって，型枠に対する主筋の高さが断面性能を大きく左右する。

鉄筋量の算定は，構造設計者があらかじめ意匠設計者に提示した仮定断面に対して行うため，応力に対して梁成が小さい場合は，梁幅の中に鉄筋が並びきれなくなり2～3段の重ね配筋となる場合がある。重ね配筋は主筋上下のあきが，主筋径 $d$ の最小間隔である $1.5d$ で計算するため，現場において主筋のあきが大きく配筋されていれば応力中心距離が小さくなり，鉄筋量が不足することになる。したがって，配筋検査で是正を指摘することがしばしばある。**図 4.5–3** は，2段配筋における応力中心距離を示した図である。

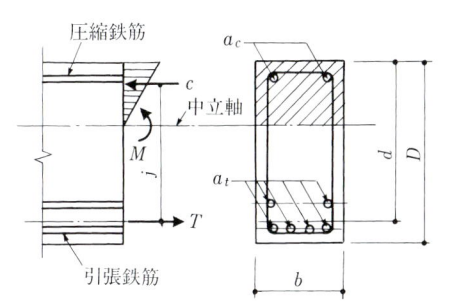

$$a_t = \frac{M}{f_t \times j}$$

$a_t$：曲げ材の引張鉄筋断面積（cm$^2$）
$M$：曲げモーメント（N·m）
$f_t$：鉄筋の許容引張応力度（N/mm$^2$）
$j = 7/8 \times d$：曲げ材の応力中心距離（cm）
$d$：曲げ材の有効成（cm）

**図 4.5-3** 重ね配筋の応力中心距離

### 4.5.4 重ね配筋のあき確保

梁成が1m程度までは**写真 4.5-2**に示すように，落とし込み配筋で施工されることが多い。梁成が1mを超える部材や，ポストテンション式のプレストレスト（PS）梁の場合は，**写真 4.5-3**に示すように，梁側面の型枠を片面開放した状態で配筋とシース管の組立てを行う。

**写真 4.5-2** 梁の落とし込み配筋状況

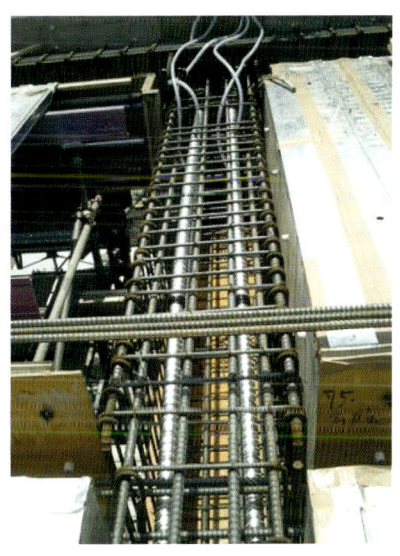

**写真 4.5-3** 梁側面の型枠を片面開放した PS 梁配筋

落とし込み配筋工法では，下端主筋が梁の型枠内に一部潜ったまま配筋するため，スラブの型枠上から斜め下を見ることになる。したがって，主筋のあきが狭く見えるため 1.5d を超える配筋となっている場合がある。このまま梁底まで配筋を落とせば，スラブ型枠から下端の重ね筋までは手が届かず是正不能となるが，**写真 4.5-4，5** に示すように，重ね筋が1〜2本の場合は，サイド用の重ね筋スペーサーを準備して使用すれば，鉄筋のあき 1.5d を確実に保つ配筋が可能である。

重ね筋が3本以上の場合は**写真 4.5-6**に示すように，重ね筋スペーサーのバー形先端が 90° のフック

**写真 4.5-4** 重ね筋スペーサー側面用使用例

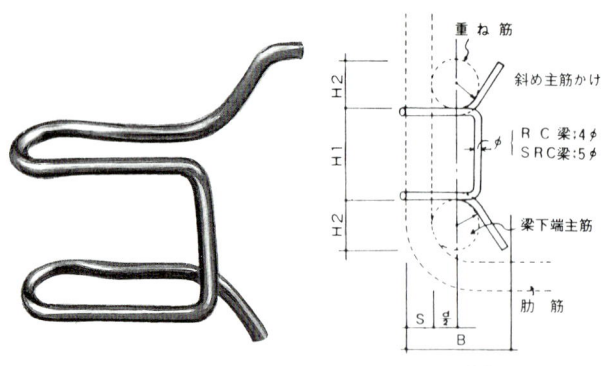

66　第4章　鉄筋工事

写真 4.5–5　重ね筋スペーサー（側面用）[23] 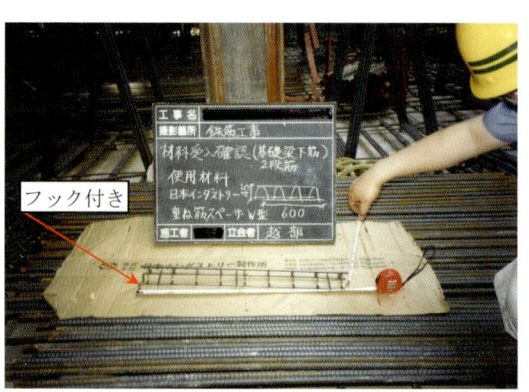　　　写真 4.5–6　重ね筋スペーサー（複数用）

を梁の外側に当て，複数の主筋を支持するようにこれを梁幅の左右から支えば，スペーサーが外れることもなく万全である。使用例は前掲**写真 4.3–3** に示した地中梁下端の重ね筋スペーサーと同様である。

### 4.5.5　梁底のかぶり厚さ確保

梁の配筋を型枠から支持するには，① 梁底にバーサポートを支う方法と，② 上端主筋の下にかんざし筋を挿入し，バーサポートでスラブ型枠から支持する方法とがある。

①の方法は，スターラップの下端にバーサポートを梁幅方向2ヶ所に置いて支持する。その際，複数のスターラップがバーサポートで支持するように支わないと，スターラップが曲がることがある。**写真 4.5–7** に示す旧公団欠陥マンションの調査では，バーサポートがスターラップから外れて主筋を支持したため，スターラップが梁底に落ちてかぶり厚さがなく錆が発生していた。2005年8月現在，このマンションは**写真 4.5–8** に示すように，16棟を壊して建替え中である。奥に見える5階建のマンションも既に赤瓦とガラス障子が外され順次解体される。

このようにずさんな施工をしないようにするには，梁の配筋をする前に**写真 4.5–9** に示すように，梁底

写真 4.5–7　梁底に落ちていたスターラップ

写真 4.5–8　16棟解体中の旧公団欠陥マンション 　　　写真 4.5–9　梁底のバーサポートでかぶり厚さ確保

のセパレーター高さをスターラップのかぶり厚さに合わせ，セパレーターの下に馬蹄形をしたポリキャップ付き鋼製バー形スペーサーを使用する手順を踏めば，かぶり厚さを確保することができる。

②の方法は，バーサポートの高さが床スラブ厚さ・梁の $X$, $Y$ 方向による主筋高さ・鉄筋径およびかんざし筋径により決まるため煩雑で難しく，薄いスラブではかんざし筋のかぶり厚さが不足する場合があるため避けたほうが無難である。

### 4.5.6 梁側面のかぶり厚さ確保

梁の側面は，腹筋が内側にあるため，**写真 4.5-10** に示すようにプラスチックのスペーサーを横使いでスターラップに支う場合がある。生コンクリートを打設後は，余剰水や気泡がブリージング水とともに表面まで上昇するため，コンクリートが沈降して水平に支ったスペーサーの下端に空隙が生じる。この隙間がひび割れを誘発することがあるため，横使いしてはならない。

腹筋と幅止め筋の役目は，コンクリート打設までにスターラップが外側にはらまないようにするため，**図 4.5-4** に示すように，2 組のスターラップの外側に補助筋を結束してドーナツスペーサーを支うようにする。

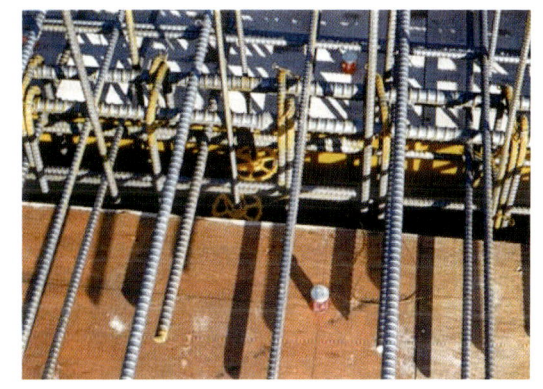

**写真 4.5-10** プラスチックのスペーサーの横使い

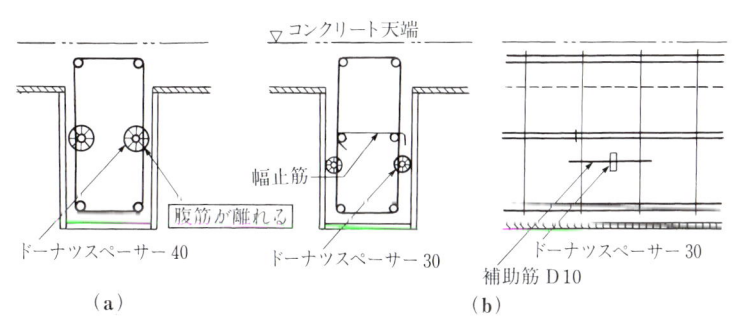

**図 4.5-4** プラスチックスペーサーの支い方

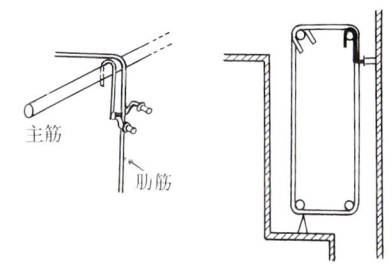

**図 4.5-5** ビームサイドスペーサー [23)]

梁筋が倒れて側面のかぶり不足を招くのは上部であり，**図 4.5-5** に示すように，床スラブの下端付近にスペーサーを支うようにしなければ効果はない。**写真 4.5-11** は，梁側面の上部でビームサイドスペーサーのフックを角の主筋に掛け，スターラップの外側に支ってかぶり厚さを確保している例である。

**写真 4.5-12** は，乗入れ構台下の作業が困難な場所で行われたためスターラップのかぶりが不足し，これを配筋検査によって指摘した例である。**写真 4.5-13** に示すように，大変な苦労をして太い鉄筋を動かしてバー形スペーサーを支い，梁側面のかぶり厚さを是正した。

**写真 4.5-11** ビームサイドスペーサーの使用例

写真 4.5–12　構台下のスターラップのかぶり不足 　　　写真 4.5–13　スターラップのかぶり不足是正例

#### 4.5.7　ハンチの配筋要領

　大梁の鉛直ハンチは，端部の応力が大きく仮定断面では梁成が小さくて断面設計が不能となる場合や，設備の配管やダクトを天井内に収めるため，中央で梁成を小さくする場合等に設けることがある。ハンチ起点には断面の外向きに合力が発生するため，下端の主筋は**図 4.5–6**に示すように交差するように配筋しなければならないが，外側の主筋は曲げ加工しないと鉄筋の組立てが難しい。外側の主筋を曲げ加工とした場合は，外向きの合力に対してスターラップを増して吊り上げる。

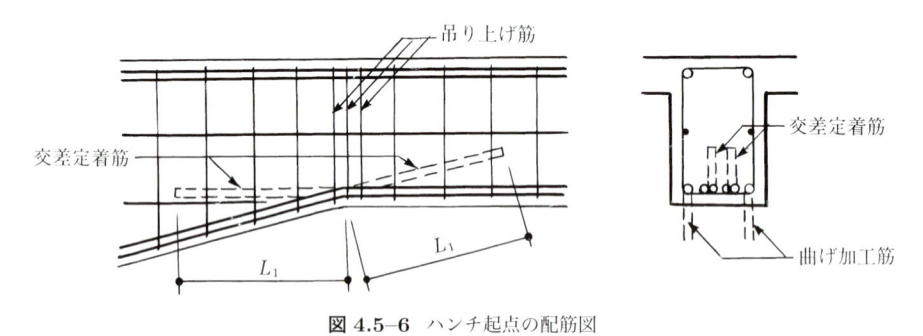

図 4.5–6　ハンチ起点の配筋図

　PS梁の緊張端で梁幅が広くなる場合は水平ハンチが必要であるが，型枠の煩雑さを避けるため前掲の**写真 4.5–3**に示すように，直交する小梁までを平行ハンチにする場合がある。

　鉛直ハンチは，積載荷重が大きい倉庫や冷蔵庫の設計には多用される。一般建築では，設計天井高さを確保するため，梁の中央成を縮小して設備の配管を梁下に通す場合に設けることがある。

#### 4.5.8　梁貫通孔
**(1) 梁貫通孔の基準**

　梁貫通孔は，許容される建物高さの中で，階数を稼ぐため設備に必要な電気設備の幹線・機械設備の配管やダクトを，梁の腹部にスリーブを入れてコンクリートを打設し，その孔を利用して配管等が梁を貫通できるようにする手法である。

　構造設計の段階では，設備工事に必要な配管やダクト等が，構造部材を貫通する位置や大きさが明確ではなく，スリーブの断面欠損は考慮していない。梁に貫通孔を設ける場合は一般的な基準で対処するが，梁貫通孔基準には**図 4.5–7**に示すような制限がある。

　① 孔径は梁成の1/3以下，
　② 孔間隔は孔径の3倍以上離す，

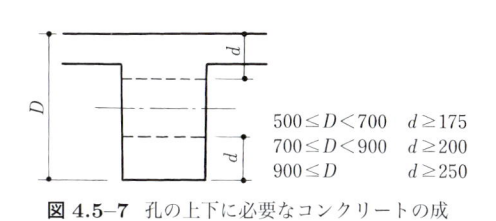

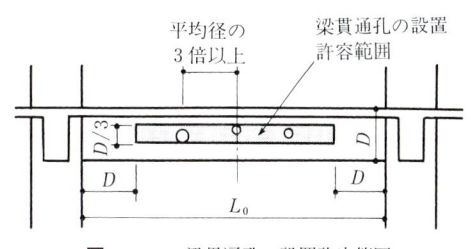

図 4.5–7 孔の上下に必要なコンクリートの成

$500 \leq D < 700 \quad d \geq 175$
$700 \leq D < 900 \quad d \geq 200$
$900 \leq D \quad d \geq 250$

図 4.5–8 梁貫通孔の設置許容範囲

③ 孔があけられる範囲は図 4.5–8 のようになっている。

## (2) スリーブの検討と調整

スリーブの検討をする場合は、電気・空調・衛生その他設備の専門工事業者が、ダクトや配管の経路とサイズを表わした図面を作成し、勾配が必要な衛生工事から始めて空調、電気工事の順に一つの図面に合成し、スリーブ径と F.L からの下がり寸法を記入する。その結果、構造基準や梁成との関係で納まらない部分を抽出して工事監理者に提出する。

工事監理者は構造設計者に相談し、配管が小梁の主筋と干渉する部分は梁成を増したり、方向を変えたりして対処しなければならない。また、病院や研究所等では、一般の建物に必要な配管やダクトのほかに、酸素・窒素・笑気等の医療ガスや電線等が必要となり、構造基準を遵守しようとすれば、梁貫通孔の数が制限されるため、梁下に配管を並べなければならなくなる。限られた階高で天井が下がれば室内環境が損なわれる。廊下の天井が下がって避難誘導灯が出口の上枠より下がり、内法高さが低くなっている病院を見かけることがある。

過去に設計した総合病院では、延べ床面積をスリーブ数で除したところ、約 4 m² 当たり 1 個となった。構造設計基準では図 4.5–8 に示すように、大梁の両端や小梁が掛かる部分の両端では、梁成の 1～1.5 倍の範囲にはスリーブを設けてはならないことになっている。また、スリーブ間隔はスリーブ径 $\phi$ の $3\phi$ 以上離すことになっている。

## (3) 孔間隔 2.5 $\phi$ が可能な SR スリーブ工法

天井高さが設計寸法より大幅に低くなり無惨な結果を招かないようにするには、**写真 4.5–14～15** に示すように、スリーブ間隔が 3 倍以上の制限を 2.5 倍に縮小し、柱際のヒンジゾーンも貫通できる強靭な SR スリーブ工法が不可欠と思われる。

写真 4.5–14 SR スリーブユニット

写真 4.5–15 SR スリーブ工法

阪神・淡路大震災では，柱の脆弱さが大きく取り上げられ，スリーブによる被害は報じられていない。しかしその後，既存建物の耐震補強や新築建物の設計では柱が粘り強くなっているであろうから，ヒンジゾーンの梁は，梁貫通孔の補強対策を講じなければ，次の大地震が襲来した時にはスリーブの断面欠損部分で破壊することが予想される。

### (4) SRスリーブ工法の実大実験

SRスリーブ工法は，スリーブの断面欠損を鋼材と鉄筋で補強し，コンクリートがせん断力で破壊する前に主筋を先に降伏させるもので，建物が崩壊する前に梁がゆっくり変形する間に人の避難が可能となる。このような思想で発明したSRスリーブ工法の安全性を確認するため，1982年には千葉県技術改善補助金の交付を受け，実大実験を東京電機大学の中野研究室に発明者の指示によりメーカーが委託した。

実験に先立ち，斉藤光千葉大学教授を委員長に迎え「鉄筋コンクリート有孔ばりのせん断補強に関する研究委員会」が発足し，その委員には上杉秀樹（千葉大学），遠藤利根穂（東京都立大学），小倉弘一郎（明治大学），立花正彦（電機大学），森田耕次（千葉大学）の先生方をお招きしご指導いただいた。

実験は**表4.5−1**に示す10体について行った。スリーブ間隔が$3\phi$ではスパン内に必要数が並びきれない場合があるため，$2.5\phi$に間隔を縮小して実験するのは心配であったが，結果は**写真4.5−16**(b)に示すように，部材角（変形角）が3.0%（1/33）の状態で，スリーブ位置から外れたところからひび割れが拡大している様子が見える。

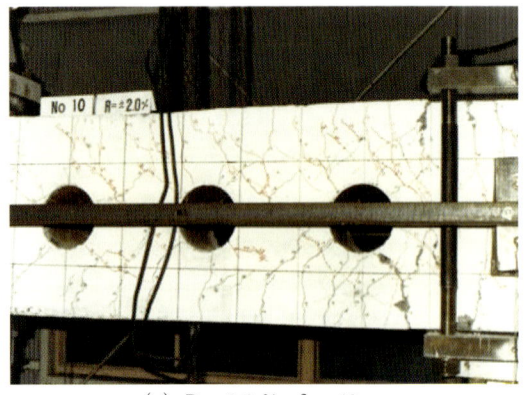

(a) $R = 2.0\%$, $\delta = 40\,\text{mm}$　　　(b) $R = 3.0\%$, $\delta = 60\,\text{mm}$

**写真4.5−16** SRスリーブ工法の実大実験

スリーブ間隔は一般的な基準では$3\phi$であるが，この実大実験ではスリーブが$2.5\phi$の間隔で3連孔の試験体を，部材角3%（1/33）まで載荷する過酷な条件を課した。静的な実験ではあるが，スリーブから外れた無孔部分から破壊が生じているため，ヒンジゾーンにスリーブが来ても，SRスリーブ工法であれば安全である。

### (5) SRスリーブ工法の論文発表

この実験結果が，巻末の**付録2**に掲載した「鉄筋コンクリート有孔ばりのせん断補強に関する実験的研究」（日本建築学会大会学術講演梗概集（北陸），1983年9月）である。また，**付録3**の「梁貫通孔補強を工業化したSRスリーブ工法」（建築技術，1981年12月号，TOPICS）でも紹介されている。

**表 4.5-1 有孔梁の実験表**

(a) 各試験体の実験変数

| 試験体 | Spiral | Ring PL+あばら筋 | あばら筋 |
|---|---|---|---|
| 1. 無孔梁 | — | — | D10@200 |
| 2. 単孔無補強 | — | — | 〃 |
| 3. 単孔 S 補強 | 2 段 D10 | — | 〃 |
| 4. 単孔 R 補強 | — | D10@100 | 〃 |
| 5. 単孔 SR 補強 | 2 段 D10 | D10@100 | 〃 |
| 6. 無孔梁 | — | — | D13@100 |
| 7. 単孔無補強 | — | — | 〃 |
| 8. 単孔 SR 補強 | 2 段 D10 | D13@100 | 〃 |
| 9. 単孔 SR 補強 | 〃 | D10@100 | 〃 |
| 10. 三連孔 SR 補強 | 〃 | D13@100 | 〃 |

(b) 素材の機械的性質

鉄筋

|  | $\sigma_y$ (t/cm²) | $\sigma_u$ (t/cm²) | $e_l$ (%) |
|---|---|---|---|
| D32 | 3.85 | 5.97 | 26.0 |
| D13 | 3.74 | 5.59 | 17.7 |
| D10 | 3.66 | 5.53 | 17.0 |

コンクリート

|  | $F_c$ (kg/cm²) | $F_t$ (kg/cm²) | 備考 |
|---|---|---|---|
| No.1 | 328 | — |  |
| 2 | 311 | — | 4 週強度 |
| 3 | 341 | — | $F_c = 305\,\text{kg/cm}^2$ |
| 4 | 358 | — | スランプ 17 cm |
| 5 | 355 | — |  |
| 6 | 346 | — |  |
| 7 | 346 | — |  |
| 8 | 328 | 29 | 4 週強度 |
| 9 | 328 | 29 | $F_c = 303\,\text{kg/cm}^2$ |
| 10 | 336 | — | スランプ 18 cm |

(c) 実験結果

|  | $_bQ_{cr}^4$ | $\dfrac{_bQ_{cr}^e}{_bQ_{cr}^c}$ | $_sQ_{cr}^e$ (t) | $\dfrac{_sQ_{cr}^e}{_sQ_{cr}^c}$ | $_bQ_y^e$ (t) | $Q_m^4$ (t) | $_sQ_u^{c1}$ (t) | $_sQ_u^{c2}$ (t) |
|---|---|---|---|---|---|---|---|---|
| No.1 | 6.0 | 0.78 | 20.0 | 1.02 | — | 38.9 | 38.0 | — |
| 2 | 6.0 | 〃 | 18.0 | 0.92 | — | 38.2 | 〃 | 25.7 |
| 3 | 6.0 | 〃 | 18.0 | 0.92 | 42.1 | 42.1 | 〃 | 〃 |
| 4 | 7.5 | 0.98 | 20.0 | 1.02 | 42.6 | 45.6 | 〃 | 〃 |
| 5 | 7.5 | 〃 | 20.0 | 1.02 | 42.2 | 40.7 | 〃 | 〃 |
| 6 | 6.0 | 0.98 | 20.0 | 1.02 | 41.0 | 48.7 | 50.1 | — |
| 7 | 9.0 | 1.17 | 20.0 | 1.02 | 42.0 | 43.3 | 〃 | 37.8 |
| 8 | 9.0 | 〃 | 18.0 | 0.92 | 41.0 | 46.7 | 〃 | 〃 |
| 9 | 9.0 | 〃 | 20.0 | 1.02 | 39.7 | 46.0 | 〃 | 〃 |
| 10 | 6.0 | 0.78 | 18.0 | 0.92 | 40.0 | 50.0 | 〃 | 〃 |

## (6) ヒンジゾーンのスリーブ

筆者が設計したり工事監理をした多数の病院建築では，ヒンジゾーンにスリーブを 2.5φ 間隔で並べても安全な補強方法が採用されているが，これらは発注者を説得できたり，あるいは構造設計者と発注者を説得して設計変更が許可されたものに限られている。

コストが高いだけで構造基準を守らないような工事監理者が，検査機関が実施している中間検査や品確法（住宅の品質確保の促進に関する法律　平成 11 年 6 月公布）で，10 年の瑕疵担保期間がある時代に通

用するであろうか？　不具合が発生した場合，従来の低コストで安全性の少ない工法を採用した構造設計者では，弁護士等が介入する事態になった時に説明が不可能になることが考えられる。これからは，構造設計者にも将来を見据えた見識が要求される時代になると思われる。

### (7) 梁貫通孔の斜め補強配筋と既製補強金物

　一般の建物では斜め筋補強の施工が著しく困難であり，**写真 4.5–17** に示すように，スリーブから斜め補強筋の離れが大きくなり補強効果が少ない。したがって，現在では既製の補強金物による施工現場が主流となっているが，10 数種類もある中から品質と施工性に問題のない製品を選択しなければならない。建築センターの評価品を用いていても，スリーブの中心にひび割れが発生した現場が複数ある。評価品といえども，実験結果の説明と書類上の審査によるものであり，現場で施工されている状況を見ていれば，品質が損なわれる製品がある。コストだけではなく，設計性能が得られる製品を選択しなければならない。

**写真 4.5–17**　大梁貫通孔の斜め補強配筋精度不良

### (8) 梁貫通孔上下の主筋拘束

　梁貫通孔の補強工法が合理的で，確実に製作された試験体を破壊するまで載荷すれば，最終段階では**写真 4.5–18** に示すように，孔の接線方向にひび割れが伸展し，主筋に沿った割裂破壊が生じるとともに大きな変形を伴って破壊に至る。変形量が大きくなるまで孔の補強が保たれていれば，梁が貫通孔の位置でせん断破壊を起こすことはなく，在室者が避難する時間を確保することができる。

　この実験は，主筋の座屈がステッキ筋で拘束可能であることを実証するための実験であり，主筋に大きな応力によって付着割裂破壊が生じても，主筋の座屈が生じていないことより，拘束効果が確認された。

　各種の補強金物の実験資料を比較する場合，せん断耐力は当然必要であるが，変形量や部材角で差が出ていることを見逃さないようにしなければならない。ある実験報告書には，補強金物が破断したと思われる「ゴトン」という大きな音がした直後に最終耐力に達したことが記されている。

**写真 4.5–18**　梁貫通孔のステッキ補強破壊実験

### (9) 梁貫通孔の補強金物選定条件

　補強金物を選定する際は，認証機関の「お墨付き」であることとコストの比較のみで選定するのではなく，メーカーの技術資料を検討し，以下に列挙する注意事項を参考にしていただきたい。
　　a. 地震時には大梁にせん断力が交番で繰り返し作用するため，孔からスタートするひび割れを斜め筋で補強するタイプの補強金物は，梁の材軸に対して斜め補強筋が正確に 45° で，スリーブの中心に対して対称に配置されていなければならない。しかし，45° に傾いただけの補強金物は，スターラップに取り付ける場合に正確には取り付けにくく，角度やスリーブとのあきが不ぞろいになる恐れが

あるため，補強効果は疑わしい。
b. 梁貫通孔補強の工事区分は鉄筋工事に含まれるが，既製の補強金物を採用する場合は，スリーブと補強金物の取付けを同時にしたほうが施工しやすいため，建築工事の請負者が準備した補強金物を設備工に取り付けてもらう場合が多い。しかし，構造的に間違った取付け方をしていることもあるため，建築工事の請負者が責任を持って自主管理を徹底するように指導しなければならない。
c. 同心円の補強筋を2～3重巻きにして，円形の補強筋をフラッシュバット溶接で接合した接合部は，ガス圧接の瘤のように緩やかなふくらみではなく，刀の鍔のように扁平な形状となる。円弧の状態で接合するため接合部に偏心が生じやすく，偏心がある場合の有効断面積は，双方の鉄筋が重なった部分だけとなり，偏心量がメーカーの社内基準以下であっても，引張試験をすれば母材耐力以下で必ず切れる。したがって，請負者が受入検査を入念に行って不良品を排除するか，太径にサイズアップして採用するように工事監理者の注意が必要である。
d. 貫通孔の最終的なひび割れは，前掲**写真4.5–18**のように孔から接線方向にひび割れが伸展して破壊するため，スリーブから40 mmのかぶり厚さで補強筋がなければならないが，スリーブと補強筋のあきを適正に確保するスペーサーが四方にない製品が多い。

円形のスリーブに対してスペーサーが2～3ヶ所では，小さなサイズほど補強金物の中心がスリーブ中心とずれやすい。スペーサーが下部にあれば補強筋のかぶり厚さは，上部で少なく下部で過大となることがあり，補強効果と耐久性が低下する。

既製の補強金物は，誰が取り付けてもスリーブの中心に合い，接合がある補強筋は母材以上の引張強度が保証される製品を選定しなければならない。
e. スリーブの外径に両側スターラップのかぶり厚さを加えた寸法が，主筋の座屈長さとなるが，スリーブ径が大きくなれば，せん断破壊の前に圧縮鉄筋の座屈が生じ，小さな曲げ応力で梁が降伏する場合が考えられる。主筋の断面二次半径が$d/4$であるから，細長比$\lambda$が32のときに座屈長さが$8d$となるため，D25の主筋で200以内に拘束することが必要と思われる。

主筋の拘束は，前掲**写真4.5-18**に示すように，ステッキ状の鉄筋のフックを梁断面の内側に向けて先端をコア内に定着すれば，簡単に行えることを実験で確かめた。その際に，ステッキ筋をスリーブに接近させて孔心から定着長さを確保すれば，孔の補強にも効果があることが実証された。
f. 梁のスターラップは，梁断面に対してほとんどが2本タイプであるから，補強金物も2個をスターラップに結束して取り付ければよいが，せん断力が特別大きな部分ではスターラップが3～4本タイプの設計がある。スターラップの数が多い部分は，コンクリートの断面積がせん断力に対して小さく，不足分を鉄筋で補強しているため，補強金物もスターラップの数だけ取り付けなければならない。

梁の側面に付加しコンクリートがある場合は，付加した表面に補強金物を余分に取り付けることを忘れてはならない。
g. 既製の補強金物は，せん断力に対して単独で補強筋量が満足しているのではなく，**図4.5–9**に示すように，孔の中心を通る45°と135°の線が，梁の上下主筋に到達する「C」の範囲にある，両側のスターラップを含めた鉄筋量で設計されているため，メーカーが貫通孔の強度計算をした補強金物のリストを見て，スリーブ両側のスターラップが正しい数量で配筋されていることを確認する必要がある。

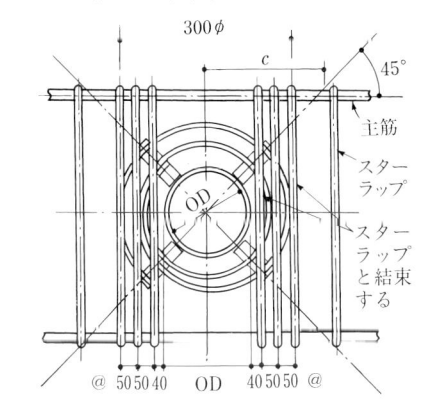

**図 4.5–9** 梁貫通孔補強筋の有効範囲

## 4.5.9 梁の鉛直打継ぎ補強

大梁端部は，スパン内でせん断応力が最も大きくなる位置であるから，打継ぎは原則的に避けるようにする。一般的には柱面より梁成 $D$ の $1.0～1.2D$ 以上離した位置とする。やむを得ず柱面で打継ぎを設けなければならず，設計図に補強筋が特記されていない場合は，**図 4.5-10** に示すように，柱面を欠き込む形状の盗み型枠を入れて，後打ちコンクリートが大入れとなるように，柱のかぶり部分で後打ちコンクリートを支持し，せん断補強筋と併用してせん断耐力を確保する。

長期荷重の応力に比べて短期荷重による応力が支配的な場合は，4.3 の地中梁の配筋の**写真 4.3-9**（鉛直打継ぎ部のせん断補強筋）に示したように，下側からも逆方向に斜め筋で補強することが望ましい。

(注) 1. 打継ぎ補強筋は大梁主筋の1/3かつ2本以上配筋する。
   2. 打継ぎ補強筋の曲がり部分を先打ち部に納める。

図 4.5-10　大梁端部で打継ぐ場合の例

## 4.5.10 梁配筋の自主検査

梁は荷重状態・スパンの大小・耐震壁に接する境界梁等，各種の条件により梁の上下左右・中央の各位置により，異なる配筋となっている場合が多い。設計図には共通する梁が断面リストに表示されているため，現場では照合が難しい場合がある。

筆者は柱と同様に**図 4.5-11** に示すように，キープランに各梁の位置ごとの主筋と肋筋数を設計図から

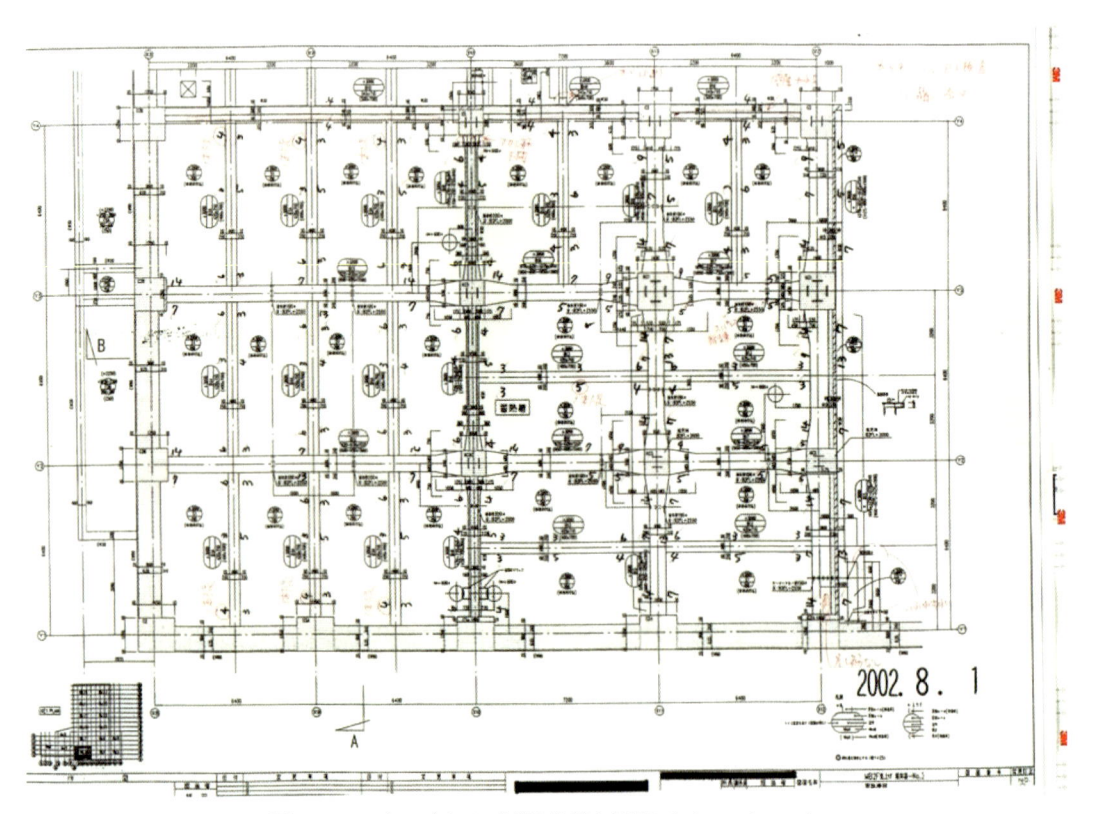

図 4.5-11　キープランに主筋と肋筋を転記したチェックシート

読み取って記入したチェックシートを工事監理者へ提出するように指導している。この検査方法は、共通梁と異なる梁がどこにあるかがキープランへ転記する段階で把握でき、間違った部分を鉄筋工へ指示する場合や、是正後の確認にも利用できるため便利である。

## 4.6 小梁の配筋

### 4.6.1 小梁断面の位置

小梁は、掛け渡すスパン数により1スパンの場合は単純梁となり、多スパンの場合は連続梁となる。梁は断面の位置により図4.6–1に示す応力が生じるため、配筋は曲げモーメントに沿って主筋が設計されている。したがって、断面の位置を正しく把握して配筋しなければならない。

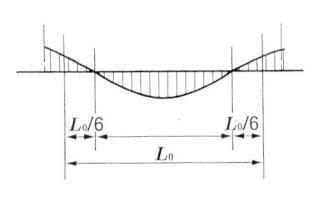

(a) 単純梁の曲げモーメント図  (b) 連続梁の曲げモーメント図

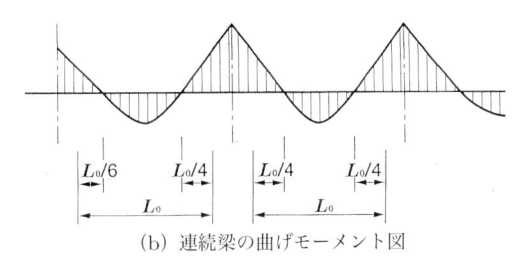

図4.6-1 単純梁と連続梁の応力図 [13]

断面の位置は図4.6–2に示すように、小梁の断面は「外端」・「中央」・「内端」で異なり、主筋数が変化する基準位置からの余長が各設計により異なっている場合があるため、設計図書に従って加工および配筋施工をしなければならない。

外端は始端とも呼ばれ、構造計算上はピンであるが、半固定程度の配筋となっている。中央の曲げモーメントがスパンの両端から$L_0/4$線より若干外側寄りにふくらんでいるため、中央下端は$L_0/6$線から余長を加えた長さとする。大梁の左右に小梁が繋がる場合は内端または連続端と呼び、小梁上端主筋を$L_0/4$線から余長を加えた長さに加工し、引き通すように配筋する。

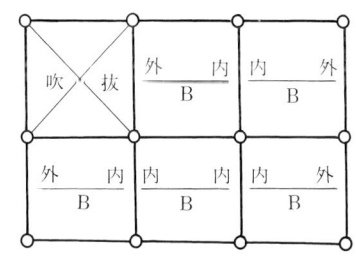

図4.6-2 外端・内端の区分

### 4.6.2 小梁の定着

小梁主筋の定着は、日本建築学会『鉄筋コンクリート構造計算基準・同解説』(1999年)において、付着・定着設計法が改定され、鉄筋の「90°折曲げ」は「90°フック」として取り扱い、水平部分の投影定着長さ($L_{dh}$)で規定するように変わった。これを受けて『RC造配筋指針・同解説』が改定出版され、定着長さの定義は従来の180°や135°フックと同様に、「90°フック起点からの水平定着長さ」に変わった。しかし、定着される梁幅が小さい時には、投影定着長さが確保できない場合が生じる。

柱・梁接合部に定着される大梁主筋の定着長さに限って2/3倍まで低減できる緩和規定を設けているが、小梁やスラブ等には適用しないことになっている。しかし、配筋の納まり上問題があることから、日本建築構造技術者協会（JSCA）技術委員会ほか6団体の定着懇談会では、小梁・スラブ等にもこの緩和規定を準用する方針で、「定着に関する運用マニュアル」(平成16年4月1日)に次のようにまとめている。

6. 小梁主筋の定着

直交する部材に折曲げ定着する小梁主筋は、定着される側の部材端（$B$）の2/3倍の投影定着長さ、かつ、**表4.6–1**の定着長さを確保する。

ただし、**図4.6–3**(a)(b)のように**表4.6–1**に示す定着長さが確保できない場合は、定着される側の部材幅（$B$）の2/3倍の投影定着長さを確保した上で、**表4.6–1**の最小値を限度に短くして

**表 4.6–1** 90° フック付き定着長さの最小値

| 種類 | 設計基準強度 (N/mm²) | 定着長さの最小値 ($L_{\min}$) 一般 ($L_{2\min}$) | 下端筋 ($L_{3\min}$) 小梁・片持ちスラブ | 下端筋 ($L_{3\min}$) 床・屋根スラブ |
|---|---|---|---|---|
| SD295A, B SD345 | 18 | 20$d$ | 7$d$ | 最小値は規定しない. |
| | 21〜27 | 17$d$ | | |
| | 30〜45 | 14$d$ | | |
| | 48〜60 | 11$d$ | | |
| SD390 | 21〜27 | 20$d$ | | |
| | 30〜45 | 17$d$ | | |
| | 48〜60 | 14$d$ | | |
| SD295A, B 小梁・スラブに限定 | 18 | 15$d$ | | |
| | 21〜27 | 14$d$ | | |
| | 30〜45 | 12$d$ | | |
| | 48〜60 | 9$d$ | | |

(1) 軽量コンクリートを使用する場合は，上表の数値に 5$d$ を加算する．
(2) SD295 使用の小梁・スラブ筋には，その他の軽微な定着筋を含む．

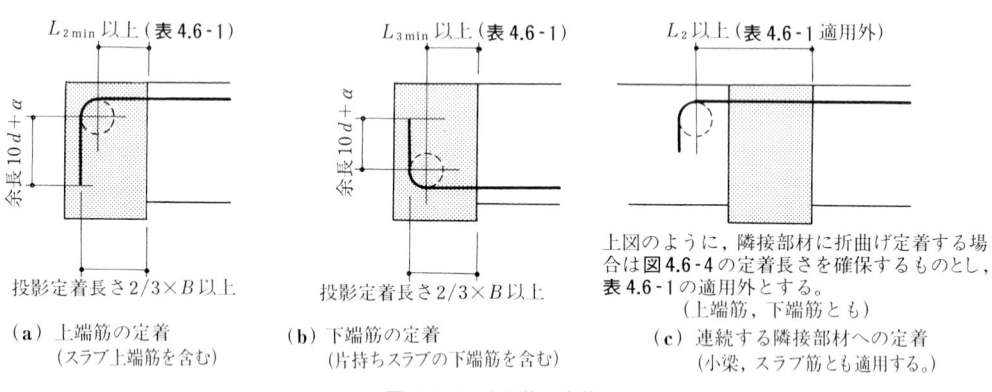

(a) 上端筋の定着（スラブ上端筋を含む）

(b) 下端筋の定着（片持ちスラブの下端筋を含む）

(c) 連続する隣接部材への定着（小梁，スラブ筋とも適用する．）

上図のように，隣接部材に折曲げ定着する場合は**図 4.6-4**の定着長さを確保するものとし，**表 4.6-1**の適用外とする．
（上端筋，下端筋とも）

**図 4.6–3** 小梁筋の定着

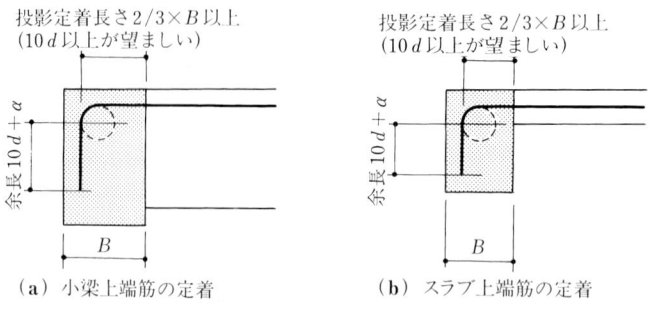

(a) 小梁上端筋の定着

(b) スラブ上端筋の定着

**図 4.6–4** 軽微な応力状態の小梁やスラブ

もよい．この場合，短くした長さ（$\alpha$）を余長に加算（10$d$＋$\alpha$）する．なお，軽微な応力状態の鉄筋には，**表 4.6–1** を適用しなくてもよい（**図 4.6–4** 参照）．

この「定着に関する運用マニュアル」で注意したいことは，**図 4.6–3**（c）の場合，小梁の端部やスラブ筋を隣接部材に定着する場合は，定着末端に 90° フックと 10$d$ の余長が必要としたことである．

### 4.6.3 小梁の方向確認

小梁がシャッターと直交方向にある場合には，シャッターケース高さと小梁が干渉することがあり，設計変更となることがしばしばある。鉄筋の加工をする前に質疑応答書により，工事監理者の回答を得ておき，手戻りが生じないように配慮したほうが得策である。

### 4.6.4 広幅の大梁をまたぐ小梁主筋の拘束

逆打ち工法で構真柱を繋ぐ大梁幅は，小梁が連続梁の場合には主筋の拘束長さが1mを超えるため，小梁主筋を大梁主筋の下端に配筋する場合は問題ない。しかし，大梁主筋の上端に配筋する場合は上端筋のかぶり厚さに注意して，口形の拘束筋を大梁へ定着するように配筋することが望ましい。

### 4.6.5 RC造壁下に小梁の有無

RC造の壁が両端とも梁の上に載っている場合は，壁下が床スラブのみでもアーチ作用で支持されると考えられる。しかし，壁の端部が梁の手前で止まり，床スラブを壁の端部で押し引きするような状態の場合は，床スラブに大きな集中荷重が作用し，ひび割れやたわみによる弊害が生じやすい。現場では設計の見直しにより，階高が大きい最下階の片持梁式階段先端の壁下・出入口のある間仕切壁・横長の開口部等に，小梁や臥梁を追加しなければならないことがある。

### 4.6.6 小梁成と梁貫通孔

小梁成はスパンによりさまざまに変化するため，排水管の貫通スリーブが勾配により小梁の下端主筋に接近することになる。躯体図にスリーブを配置した段階で構造基準に合わない部分は展開図で検討し，干渉するスリーブの多少により梁成を大きくする場合や，逆ハンチを付けて部分的に梁成を大きくする場合がある。

## 4.7 床スラブの配筋

### 4.7.1 床スラブの構造形式

床スラブは図4.7–1に示すように，スラブ周辺を支持するRC梁の数により次の形式に分類される。
 a. スラブの1辺が梁に固定される片持スラブで，バルコニー・庇・階段室の踏段等に多く用いられる。
 b. スラブの2辺が梁に固定される二辺固定スラブで，固定端が左右または直角方向の梁に固定される場合があり，後者の場合は辺の短い方が主筋方向となる。
 c. スラブの3辺が梁に固定される三辺固定スラブで，階段室の踊場・エキスパンションジョイントに接するスラブ等に多く用いられる。主筋が長辺方向になる場合がある。
 d. スラブの4辺が梁に固定される四辺固定スラブで，屋根や一般のスラブに用いられる。
そのほかに梁伏の形状により，三角，平行四辺形，円形のスラブがある。

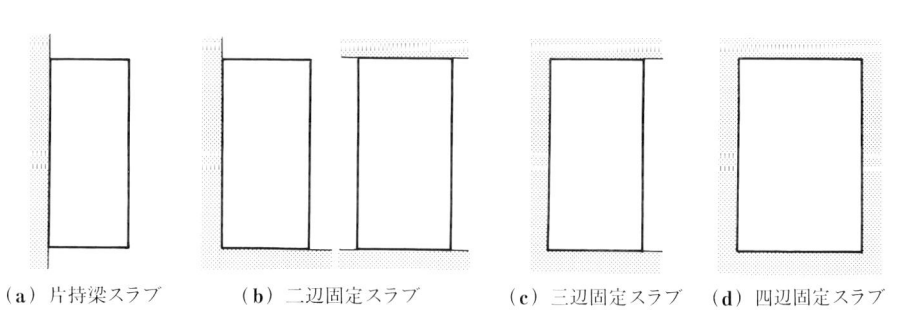

(a) 片持梁スラブ　　(b) 二辺固定スラブ　　(c) 三辺固定スラブ　　(d) 四辺固定スラブ

図 4.7–1 床スラブの構造形式

## 4.7.2 床スラブの構工法

　床スラブは現場打ちの従来工法から，工期短縮とコストダウンのため次々と新しい構工法が開発され，強度や遮音性を重視した工業化が進んでいる。しかし，これらの中には，ひび割れ・振動・耐火性能等が不十分なデッキプレートを使用した合成床版や，ハーフPC板等の構工法もあり，それが検査機関により認定されている現実がある。

　床スラブには電気や自動制御の配線を通すCD管・PF管が交差して打ち込まれ，パイプやダクトがスラブを貫通するため，開口補強筋を含めた鉄筋のかぶり厚さが確保できるスラブ厚さが必要である。

　耐火構造の建物が火災になった場合，常識的には仕上げ材の更新や躯体の部分的な補修で再利用できるものと思っていたが，行政的には人が避難できれば国民の財産の保護を図る必要はないと，建築基準法を解釈しているようである。

　耐火構造は，火災時の鉄筋強度が降伏点の1/2となる500℃以下となるようにかぶり厚さが規定されているが，ハーフPC板の耐火性能に対する試験報告書では，4mスパンの試験体に加熱温度が1066℃で120分経過後の鉄筋温度が1034℃に達し，**写真4.7-1**に示すように133mmのたわみとかぶり部分のコンクリートが広範囲に剥落している。この状態でも，某検査機関が定めた耐火性能試験評価方法に基づく試験に合格したとして「性能評価書」を発行している。これを受けて国土交通大臣名で「評価書」が上乗せに発行されている。

　工法の選定に際し，ほとんどの工事関係者は耐火性能試験報告書は検討もせず，性能評価機関と国が評価した「お墨付き」があれば，他の性能も満たしているものと錯覚して安心して採用している。

　現在，都会では**写真4.7-2**に示すように，雨後の筍のように超高層RC造の分譲マンションが次々と建設されている。大地震でインフラストラクチャーが寸断された時に下層階で火災が発生した場合，スプリンクラーや消火活動は期待できないため，10m内外の大スパンで設計されているハーフPC板や中空スラブ（PCa板と略称されている）がいったいどのように変形し，どの程度復元できるかを考えると，将来社会的な大問題になるであろう。

　現在製造されているPCaスラブは，どのメーカーもかぶり厚さは20〜25mmでバーサポートは安価で耐火性のないプラスチック製が使用されている。このため，スラブの鉄筋が直接火炎に炙られて伸びれば，スパンの4乗に比例する大きなたわみが生じると考えられる。鎮火後，大きくたわんだ大スパンのスラブを再製するには，分譲マンションでは下階から柱で支えることは許されないため，出火階より上部にある数10層の躯体を解体しなければクレーンが使用できない。したがって，多数の区分所有者が多額の費用と長期間の仮住まいを強いられることになると考えられる。一生の内に何度も購入することのできない買い物をした区分所有者からの，「そんな説明はなかった」との怒りの声が聞こえてくるようである。

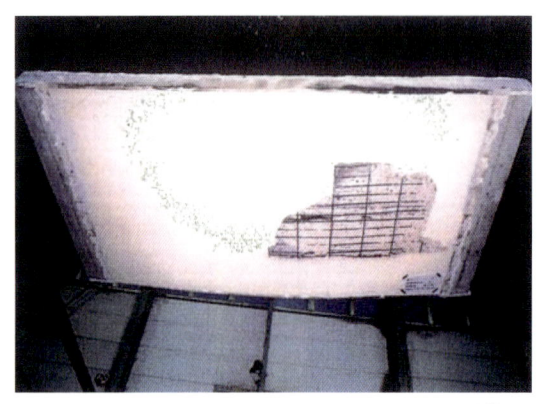

**写真4.7-1** ハーフPC板の耐火試験後の加熱側 [17]

**写真4.7-2** 超高層RC造のマンション建設風景（2007年2月撮影）

このような大問題が発生する前に，なぜスラブの耐火仕様を日本建築学会の規準並みに規制しないのかと疑問を抱き，建築住宅性能規準運用協議会のコンタクトポイント事業部へ，2005年2月にJSCA技術委員会/品質・監理部会より提案し，ヒアリングでも説明したが未だに検討中であり対策は講じられていない。万一の時の補償や責任の所在が大きい問題になることが懸念される。

在来工法の床スラブの配筋で注意すべきことは，火災時に前掲**写真4.7-1**に示すようにコンクリートの剥落が生じるため，プラスチック製のバーサポートの使用は禁じ，下端筋はスパンの中央下端に重ね継手を設けてはならないことである。

### 4.7.3 スラブ筋の定着
#### (1) スラブ筋の定着高さ

スラブは部材成が小さいため，鉄筋のかぶり厚さを厳密に管理しないと，上端筋のわずかな下がりが耐力に影響する割合が大きい。スラブの厚さが15 cmでスラブ上端筋が1.0 cm下がった場合の曲げ強度低下率は次のようになる。

有効成：$d = 15 - 4 = 11$

低下率：$\alpha = 1.0/11 \times 100 = 9.09\ \%$

スラブの主筋間隔が200@であれば，主筋が1.0 cm下がった場合は，182@にしなければ設計と同等の耐力にはならないことになる。したがって，スラブ筋を梁へ定着する場合は**写真4.7-3**に示すように，スラブの端部で上端筋が折れ曲がらないように，梁上に肩筋で支持する配筋が望ましい。

**写真4.7-3** スラブ定着端の肩筋で下がり防止

#### (2) 段差があるスラブ筋の定着

スラブの一部に段差がある場合は，梁の天端が低いほうに合わせて梁筋が下がっているため，スラブ筋が高いほうには梁の上端に⊓形の付加し筋と軸補強筋が必要である。これを省略すれば**図4.7-2**に示すように，スラブ上端筋が折れ曲がって無筋の付加しコンクリート内へ定着することになる。

スラブの段差が70 mm以下の場合は，肋筋または梁主筋上に適当なサイズの鉄筋を井桁に組んで定着部を支持する。

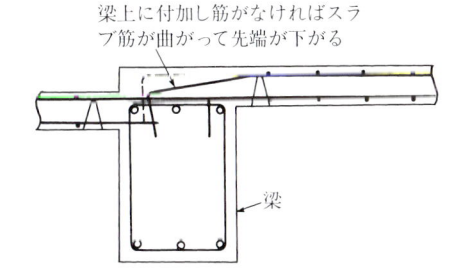

**図4.7-2** スラブ段差の上端筋下がり

#### (3) 開口部側の定着

スラブ筋は梁へ$l_2$の長さで定着しなければならないが，梁幅が狭く定着長さに満たない場合は，90°フックを付けて余長を含めて$l_2$を確保しなければならない。

**写真4.7-4**に示す梁際に開口部がある四辺固定スラブの例は，四隅は曲げとせん断応力が最も小さいため，型枠搬出用の仮設開口部を梁際に設けて開口補強筋を半分に節約したが，反対側スラブ筋の定着長さが不足している。

**写真4.7-4** 開口部スラブ上端筋の定着不足

80 第4章 鉄筋工事

開口補強配筋は，開口で切られた鉄筋の半数を開口部の両側へそれぞれ配筋し，斜め補強筋は隅角部から45°方向に30mmのかぶり厚さとなるように45°に配筋する。

### (4) スラブ筋のバーサポート

梁際のスラブ筋は，型枠の端部からの離れが少ない場合は**写真4.7-5**に示すように，バーサポートの足が型枠から外れ，作業員が乗れば細いスラブ筋が曲がって定着端が下がることになる。したがって，梁際のスラブ筋は設計間隔より狭ければよいため，**写真4.7-6**に示すように，型枠の端から70～100mmの位置に配置するように墨出しをして配筋すれば，バーサポートが型枠から外れることはない。

写真4.7-5 バーサポート足の外れ[18] 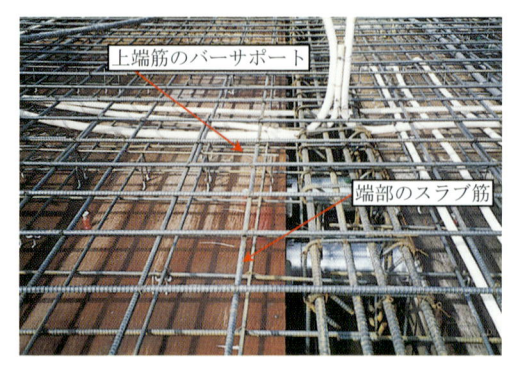　　写真4.7-6 梁際の適切な端部スラブ筋位置

## 4.7.4 スラブのひび割れ
### (1) コンクリートの乾燥収縮によるひび割れ

コンクリートが乾燥すると，内部に混入した水分が徐々に蒸発して容積が減少し，**図4.7-3**に示すように，周囲が拘束されたスラブには四隅からスラブの中央に向かって引張力が作用し，四隅に45°方向のひび割れが数列発生する。この予想されるひび割れに対して，**図4.7-4**に示すようなひび割れ補強筋を配筋するように配筋基準図に記載されているが，長さが3mm程度は欲しい。

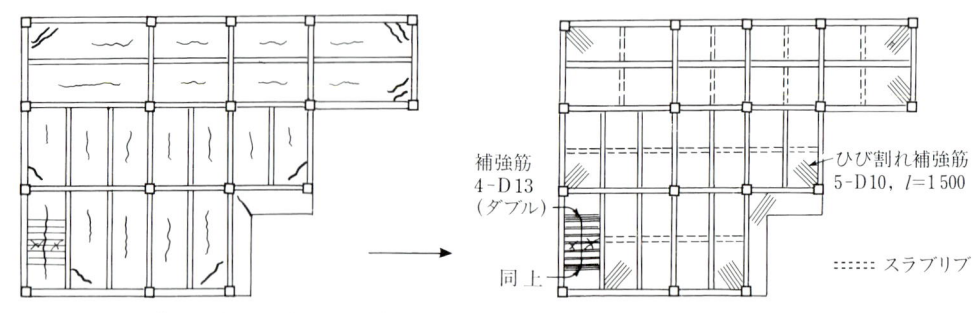

図4.7-3 床スラブの収縮応力とひび割れ　　図4.7-4 ひび割れ補強筋の基準図例

施工現場では，都合により工区ごとにコンクリート打設を分割する場合があり，工区ごとにひび割れ補強筋が必要であるが，これを省略すれば**写真4.7-7**に示すように，工区境に45°のひび割れが発生する場合がある。

ひび割れ補強筋を設計どおりに配筋しても，ひび割れが発生する場合がある。その原因は，コンクリート打設後の乾燥収縮によってひび割れが発生する段階では，コンクリートの強度が未だ発現されていないからである。異形鉄筋の節による支圧力と付着力では抵抗力が不足して，わずかにずれていると考えられる。そこで，**写真4.7-8**に示すように，鉄筋の末端にフックを付けてコンクリートを鉄筋幅の支圧面で拘

写真 4.7-7 工区境にも発生するひび割れ 　　写真 4.7-8 フック付きひび割れ補強筋

束することにした結果，ひび割れが発生しなかったので，効果があると考えられる。

ひび割れ補強筋はスラブ上端筋の下側に結束し，床仕上げ面のひび割れを制御するために柱へ定着する必要はない。ひび割れ補強筋に継手を設ける場合は，それぞれの鉄筋末端にフックを設ける。

### (2) コンクリートの沈降によるひび割れ

現場打ちのコンクリートは，施工を容易にするためセメントが水と反応して硬化するのに必要な水量の2倍以上の水と気泡が混入されている。これらのコンクリート内部の余剰水と気泡は，コンクリート打設中に型枠の隙間から漏れ出たり，振動締固めを行うことにより比重差でブリーディング水とともにコンクリート表面に浮上する。その結果，水平鉄筋の下部には**図 4.7-5**に示すように空洞ができる。

鉄筋両側の打設済みコンクリートはこの空洞に向かって移動する結果，**写真 4.7-9** に示すように，鉄筋上部にひび割れが発生してかぶり厚さが少なくなる。これを「沈みクラック」と呼んでいる。

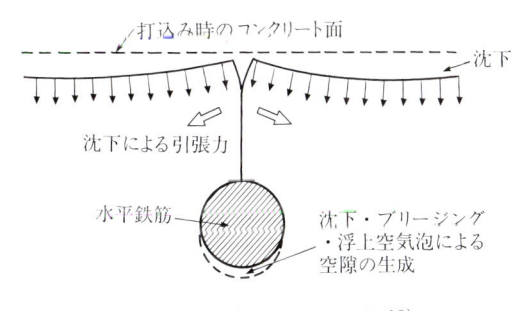

図 4.7-5 沈みクラック現象[18]

写真 4.7-9 大梁表面の沈みクラック

### (3) 曲げひび割れ

スラブに生じた曲げモーメントに対して断面性能が劣っている場合，主筋と直角方向に入るひび割れである。スラブの断面性能は，スラブ厚さ・材料強度・鉄筋の高さ方向の位置で決まるため，同じ厚さのスラブでも，引張り側の鉄筋位置が部材の中立軸へ寄るほど曲げ抵抗が小さくなる。したがって，スラブの端部で上端筋が所定の高さより下がれば弱くなりひび割れが発生する。

片持スラブの場合，庇やバルコニーが落下した事故が起きている。原因としては，バルコニーの上端筋を作業員が踏みつけて下がったままコンクリートを打設したものと推察されるが，鉄筋が下がれば計算どおりに落下することになる。したがって，スラブコンクリートを打設する直前には，鉄筋の高さとかぶ

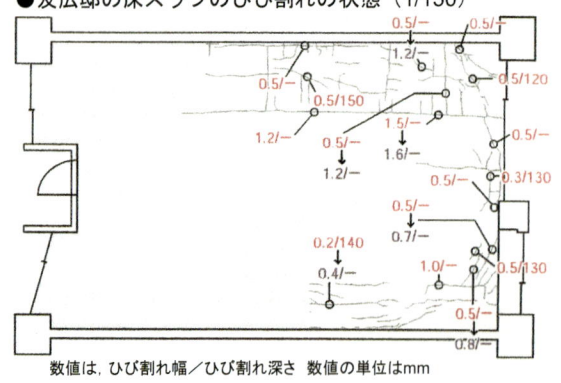

● 友広邸の床スラブのひび割れの状態（1/150）　　● 友広邸の床スラブのたわみの状態（1/150）

数値は，ひび割れ幅／ひび割れ深さ　数値の単位はmm
図 4.7-6　床スラブのひび割れ測定図[19]

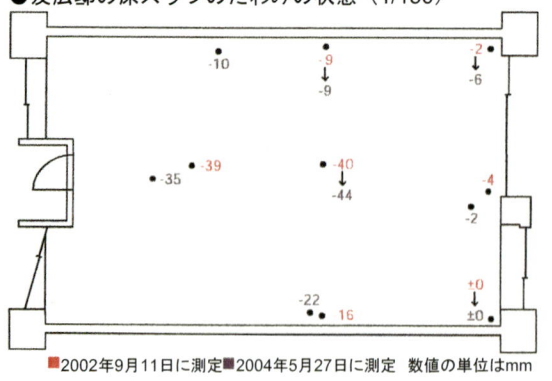

■2002年9月11日に測定 ■2004年5月27日に測定　数値の単位はmm
図 4.7-7　床スラブのたわみの状態[19]

り厚さが確保でき，耐火性のあるバーサポートを人が乗っても曲がらない間隔に支うようにしなければならない。JASS 5 では，バーサポートの間隔を 1.3 個/m² を標準としているが，本来はスラブ筋の径により鉄筋が作業荷重で曲がらない間隔を規定すべきである。筆者は，D10 の場合 600〜700@，D13 は 900〜1000@内外としている。

**図 4.7-6, 7** に示す床スラブのたわみとひび割れ測定値は，「欠陥マンション問題」として「日経アーキテクチュア」(2004 年 10 月 4 日号，p.75) に掲載された床スラブである。

厚さ 20 cm のコンクリートスラブに PC 鋼線を入れてたわみを防止する「PC アンボンド工法」で設計されていたものを，スーパーゼネコンがコストダウンのためとはいえ構造的な検討をせず，しかも構造設計者の了解を得ずに在来工法で施工した結果生じた欠陥である。存在応力に対して断面性能が劣ればこのように欠陥建物となる。

### (4) 支保工の沈下によるひび割れ

床スラブを下から支持する支柱・控え柱・筋交い水平繋ぎ材等を支保工という。突固めが不十分な埋戻し地盤や，階高が高く補助サポートを継ぎ足した場合，水平方向の振れ止めが 1 方向のみでは弱い。また，振れ止めが 2 方向にあっても，その取付け方が**写真 4.7-10** に示すように，振れ止めパイプにあだ巻きなしで端太角 2 本を斜めに縛っただけでは，コンクリート打設する時の振動で支保工がゆるむ恐れがあり，非常に危険である。

工期がなくコンクリート打設後の養生期間を十分に確保できずに，支保工を早期に撤去すると徐々にスラブが下がり，矩形スラブの場合ならば梁で囲ま

写真 4.7-10　水平繋ぎ材の取付け不良例

れた内側に楕円形状のひび割れが発生する。このようなひび割れは振動障害や早期の中性化を招き，耐久性に影響することになる。

### (5) 開口部隅角部のひび割れ

床スラブの開口隅角部は，61 頁の**図 4.4-7**（開口部の応力図）で示すように，隅角部の形状を丸くしても一般部の 6 倍もの応力が生じている。床スラブは壁と異なりコンクリートの乾燥収縮のほかに，常時

4.7 床スラブの配筋　83

**写真 4.7–11**　化粧マンホール入隅のひび割れ

**写真 4.7–12**　荷捌き場の仮設開口補強例[23]

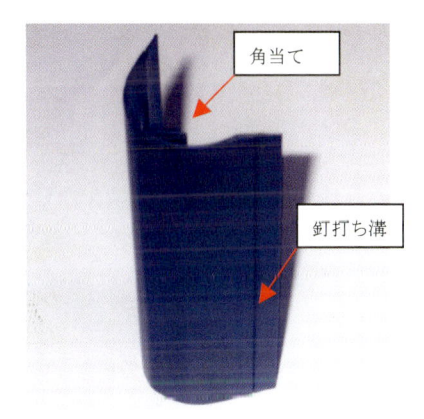

**写真 4.7–13**　コーナーフォーム

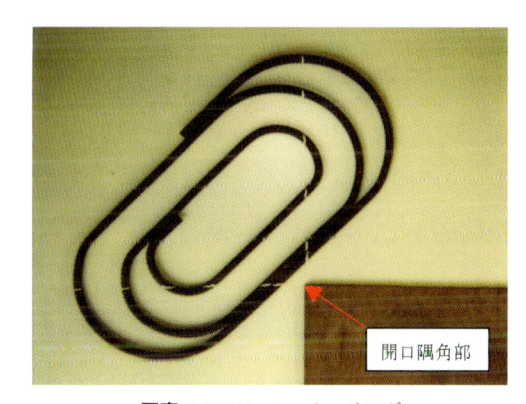

**写真 4.7–14**　コーナーリング

面外方向の応力が加わっているため，壁より条件が厳しいことになる。

　**写真 4.7–11** に示すひび割れは，某事務所建築の地下1階駐車場スラブに設けられた化粧マンホールの入隅より発生したひび割れである。この例では，「レディーミクストコンクリート配合報告書」，「コンクリート打設報告書」からは何も問題が見出せず，X線写真撮影により配筋状況を確認することにした。

　X線写真は，現像がうまくいかず残念ながらここに掲載できないが，スラブ配筋は開口部のために切断された鉄筋の半数以上が開口部の両側に X，Y 方向とも補強されており，入隅には45°方向に入隅より30 mm 程度のかぶり厚さで正しく配筋されていることが確認された。設計基準どおりに正しい施工がなされているにもかかわらず，最大 0.3 mm 幅のひび割れが長く伸展している例である。

　**写真 4.7–12** に示す開口補強例は，自動倉庫を持つ荷捌き場において，遊水槽の防水工事のため，床下に仮設開口部を設けた時のものである。

　この事例では，先に施工したスラブ開口部を塞ぐまでの期間が長く，その間の乾燥収縮や，竣工後にフォークリフトの走行による大きな動荷重が面外方向に作用するため，ひび割れが順次伸展してひび割れ幅が拡大することが予想された。

　したがって，設計基準の一般的な開口補強では不安があったため，過去に外壁の開口補強で有効性が確認された**写真 4.8–13** に示す「コーナーフォーム」と，**写真 4.7–14** に示す「コーナーリング」を併用した補強工法を採用した。補強後，追跡調査を続け，1年後の瑕疵検査でも小さなひび割れも発見されなかった。コーナーフォームは，型枠の隅角部に当てて釘留めするだけの簡単な取付けで，円弧に成形して応力集中を低減できる。またコーナーリングは，引張力に対して開口部側の補強筋をダブルとし，広い範囲に分布している引張応力を，異形鉄筋の付着力と3重になっている鉄筋幅の支圧により拘束する効果がある。

## 4.7.5 打継ぎ
### (1) 打継ぎ補強筋

床スラブの鉛直打継ぎは，梁の打継ぎと同じ位置となるため，端部からスパンの1/4以上離れた応力が小さい中央部分が原則である。しかし，コンクリートを打ち継いだ部分の引張耐力がないため，乾燥収縮ひずみが打継ぎ部に集中してひび割れ幅が拡大する。したがって，**写真 4.7–15** に示すように，スラブ筋の中間に打継ぎ補強筋が必要である。

### (2) 仮設開口部の配筋
① 交互配筋のスラブ

タワークレーンやロングリフトが設置される部分の床スラブは，仮設開口部を後で塞ぐことになるが，スラブ配筋の異なる径が交互配筋で設計されている場合，開口部では相対する配筋の並び順を同じにしておくように注意し，スラブを塞ぐ配筋の際に太い鉄筋と細い鉄筋を繋ぐことにならないようにする。

仮設開口部の入隅から**写真 4.7-16** に示すような斜めひび割れが発生するため，**写真 4.7–17** に示すように，予想される斜めひび割れには有効な開口補強を講じておくことが重要である。

写真 4.7–15 スラブの鉛直打継ぎ補強筋

写真 4.7–16 仮設開口部に生じたひび割れ

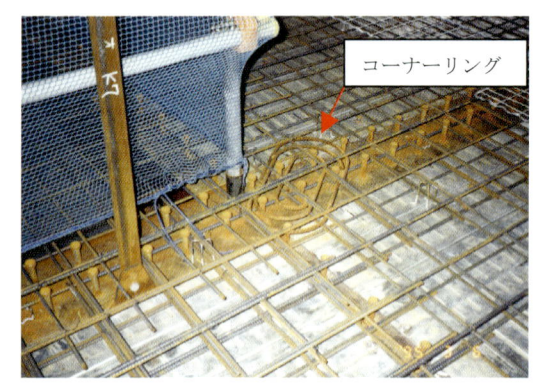

写真 4.7–17 仮設開口部のひび割れ補強

② 打継ぎ部鉄筋の支持

**写真 4.7–18** は，打継ぎ部の上端差し筋が下がったままコンクリートに打ち込まれていたところに，所定のバーサポートを支うため，下がっている主筋の差し筋を曲げ上げて配筋した状態である。このままでは固定端の曲げモーメントがピンの状態に変化するため，鉄筋量が不足する部位が生じる。コンクリート打設時には，作業員が差し筋の上に乗るため**写真 4.7–19** に示すように，コンクリートを打設しない側にもバーサポートを支って，打継ぎ部の鉄筋が所定の位置から下がらないように適切な措置を講じておかなければならない。

写真 4.7–18 上端筋が下がったまま打ち込まれた打継ぎ部

仕切り型枠を解体する前にはコンクリート強度を確認し，作業員に対して鉄筋を曲げないように厳重に注意を与えておくことを忘れてはならない。

写真 4.7-20 に示すスラブ配筋は，ゲートから乗入れ構台に至るスロープ下の，狭くて作業の困難な場所で行われた。このため，梁の側面に挿入した差し筋が下がったままコンクリートに打ち込まれていた。このままでは 4 辺固定スラブの応力が変化して鉄筋が不足する部分が生じるため，図 4.7-8 に示すように，スラブの中央下端と連続端の上端に増し筋して補強した例である。

**写真 4.7-19** 打継ぎ部バーサポートの支い方。後施工側の鉄筋にも支う

**写真 4.7-20** 差し筋が下がった場合の鉄筋補強例

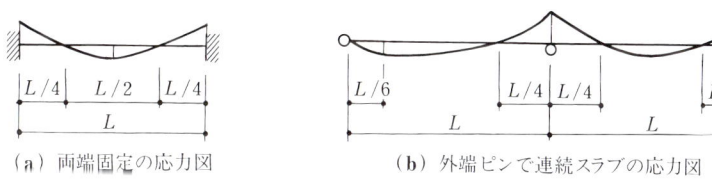

**図 4.7-8** 連続梁（スラブ）の応力図

（a）両端固定の応力図　　（b）外端ピンで連続スラブの応力図

## 4.7.6　片持スラブの配筋
### (1) 主筋が下がらない措置

片持スラブは，バルコニーや庇等に多用される軽快な構造である。しかし，配筋が完了した後の作業荷重で主筋が下がったままコンクリートを打設すれば，スラブ下端から下がった主筋までの応力中心距離が小さくなるため，主筋の引張耐力を超える応力が作用し，片持スラブが落下して人身事故に繋がる恐れがある。過去には旧住宅公団の団地で，入居中のバルコニーが落下した事故が数回発生している。

片持スラブの主筋は，基端で絶対に下がらないように，主筋の下にはD13以上の受け筋を通し，スラブ上端のかぶり厚さが正しく確保されるバーサポートで，人が乗っても下がらない間隔で支持しなければならない。

バルコニーや庇の上端は，水勾配を付けるため，固定端となる梁側面から70～100 mm離して，バーサポートの足がスラブの型枠から外れない位置に受け筋を配置しなければならない。また，主筋の高さは施工図を描いて算定し，バーサポートは適正な高さで注文しなければならない。

### (2) 主筋の定着

片持スラブは，跳ね出し長さが大きく基端の応力が大きい場合は，主筋の定着長さのみでは図4.7–9 (a) に示すように，基端側スラブの応力との差が生じ，梁はねじりモーメント $M_3$ に抵抗しなければならなくなる。したがって，(b) 図に示すように，連続スラブの応力に抵抗できる位置まで主筋を延長することが望ましい。

片持スラブの基端と隣接するスラブが配力筋の場合は，片持スラブの配筋量との差があるため，隣接スラブをハンチ付きとする等，設計上の対策が必要である。

図4.7–9 隣接スラブとの曲げモーメント

### (3) 片持スラブ出隅部の配筋

建物の隅角部に片持スラブが2方向から交わる出隅部は，片持梁がない限り明確な固定端は存在しないが，片持スラブの出隅部先端がクリープ現象で下がらない補強配筋が必要である。

柱から片持梁が跳ね出していない場合の補強には次の方法がある。
① 図4.7–10の左図に示すように，2方向の配力筋を主筋と同じサイズで，配筋間隔を一般部の1/2とする。
② 図4.7–10の右図に示すように，隅柱幅の範囲内に梁形は設けず，主筋を多数配筋して片持梁的に補強する。
③ 柱から出隅に向かって斜め方向に太い鉄筋を補強する。

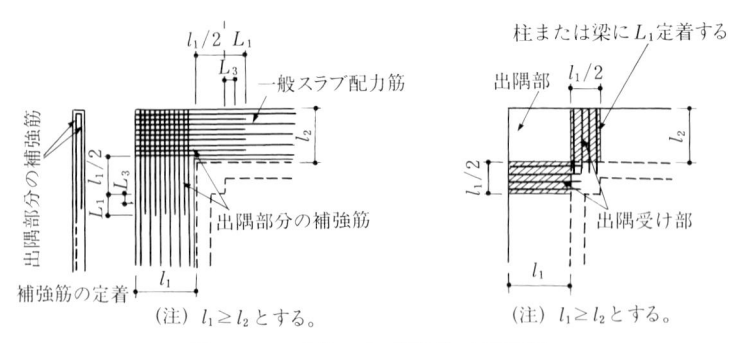

図4.7–10 片持スラブ出隅部の補強配筋

①の補強法は，上端筋が2方向とも配筋可能な場合には有効である。しかし，隅柱付近にルーフドレーン (RD) があり，片持スラブ先端に排水溝があるバルコニーでは，意匠的に呼樋が片持スラブ下端に見え

4.7 床スラブの配筋　87

ないように，排水溝を折れ曲げて RD まで排水している場合がある。このケースでは写真 4.7–21 に示すように，上端主筋が排水溝で切断されるため，この補強法は採用できない。しかし，バルコニー先端に RD を設けて片持スラブ下で，呼樋から縦樋へ流せば問題はない。

ルーフドレーンがない場合でも，片持スラブの上端配力筋が主筋より細いサイズを使用している場合は，継手を設けて主筋サイズにしなければならないところを，細い配力筋のまま配筋している場合があるため，配筋検査で見落とさないようにしなければならない。

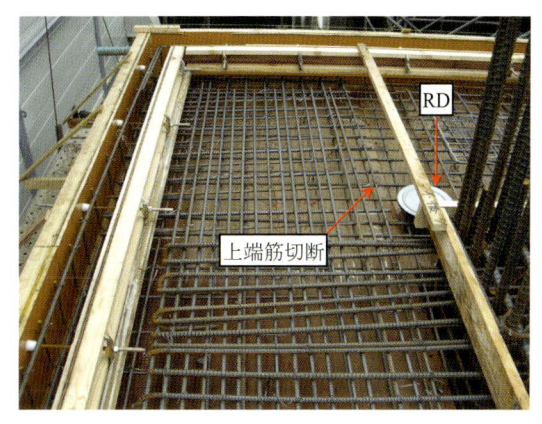

写真 4.7–21　排水溝で切断されたバルコニーの上端筋

②，③の補強配筋で配力筋下端に補強する場合は，有効成が小さくなるため主筋径の 2 サイズ太い鉄筋で補強するほうが無難である。

### (4) 片持スラブ先端の手摺壁

写真 4.7–22 に示す毎日新聞（1999 年 10 月 23 日）の記事によれば，奈良県の高架橋で水切り目地に組立て筋が接し，かぶり厚さが不足した周辺のコンクリートが落下する事故が起きた。このような納まりは建築のバルコニーや庇の先端にも共通するため，意匠設計者は事故の重大さを認識しなければならない。

このような瑕疵が生じないようにするには，図 4.7–11 に示すように，壁の下端にスラブより垂れ壁を設け，躯体には水切り目地を設けず，垂れ壁下端に若干の上り勾配を付けるようにすればよい。片持スラブ上げ裏の汚れも少なくなり，問題は生じないと思われる。

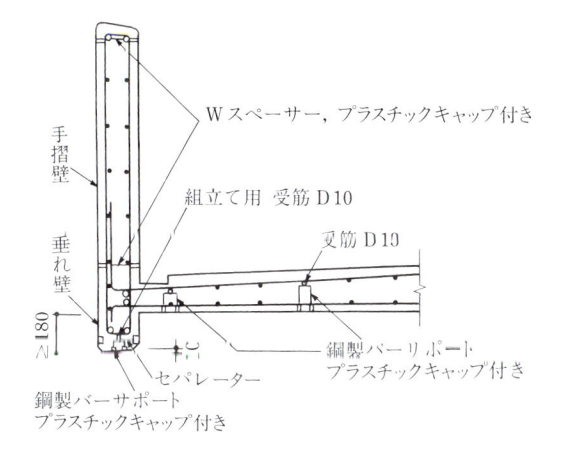

図 4.7–11　片持スラブと手摺壁の取合い改善案

写真 4.7–22　奈良の高架橋コンクリート落下事故記事
（毎日新聞，1999 年 10 月 23 日）

## 4.8 階段の配筋

RC造の階段には，壁からの片持梁形式と，上下階の梁間に部材を斜めに掛け渡す2辺固定形式の階段があり，スパンが小さい場合はスラブで折版とし，大きい場合は折れ曲がった梁を掛け渡して踏段を載せる方式が一般的である。

### 4.8.1 片持階段の配筋

片持階段は，壁を固定端とした耐力壁から跳ね出すため，曲げモーメントによる引張応力が，階段より上部は階段側であるが下部は階段の外側へ変化する。したがって，**図4.8-1**に示すような階段が取り付く部分の壁に補強筋を配筋する図が，昔のまま配筋基準図に記載されている場合がある。しかし，壁補強配筋を各段ごとに正しく配筋することは難しいため，床スラブがベンド配筋からダブル配筋となった現在では，設計で壁符号を区別して縦筋を多くした配筋とすることが望ましい。

階段上端筋の下端には，踏段の応力を壁縦筋数本で負担するように斜め方向に受筋を通す。段鼻筋の下端には，**写真4.8-1**に示すように，壁の縦筋へ墨出しの上，水糸を張って斜め方向に受筋を配筋する方法で正確な配筋を行っているが，一般的ではない。

段鼻筋は壁厚の中心より奥へ定着することが原則であるから，定着テールが外側の横筋に当たるまで挿入し，階段の先端に手摺壁が取り付く場合は，段鼻筋の先端に直角のフックを付けた働き長さに加工することが重要である。

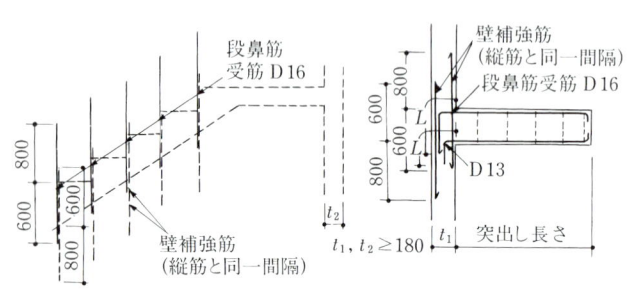

**図4.8-1** 片持階段の配筋基準図

**写真4.8-1** 片持階段の段鼻筋下受筋の組立て例

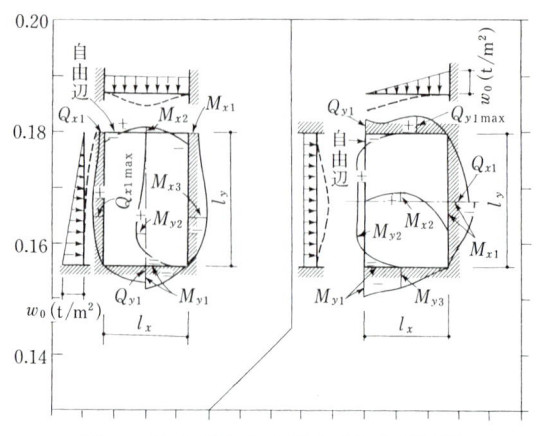

**図4.8-2** 3辺固定1辺自由スラブの応力図

**写真4.8-2** 陸橋階段踊場の折返し部。上げ裏に遊離石灰を生成

踊場の折返しがある階段で，踊場が3辺固定1辺自由で設計してある場合は，**図4.8-2**に示すように，折返し部の下端と壁側の端部上端に引張応力が生じているため，折返し部にひび割れが入りやすい。したがって，踊場先端の鉄筋は複数の通し筋を配筋しなければならないが，片持配筋として切断した鉄筋を配筋している場合があり，配筋検査で補強を指示することが多い。

**写真4.8-2**は陸橋の折返し階段の上げ裏を見上げた状況である。折返し部は応力集中もあり，ひび割れからの漏水と水切りの納まり不良で外から回り込んだ水で，遊離石灰がツララのようにぶら下がっている。

### 4.8.2 スラブ階段の配筋

スラブ階段は，上階の梁と下階の梁を固定端としたスラブで繋ぐ折版構造のため，踊場と踏段が接する部分には入隅ができる。折版の入隅には，**図4.8-3**に示すように引張応力が生じるため，鉄筋を折れ曲がった型枠なりに加工すれば，合力が下向きに作用してひび割れが発生する。

RC造の入隅は，すべて鉄筋を交差させる配筋とすることが原則であるから，梁のハンチ起点と同様に階段も，**図4.8-4**に示すように交差配筋となるように組み立て，型枠上にバー型スペーサーを支うようにすれば確実な配筋となる。

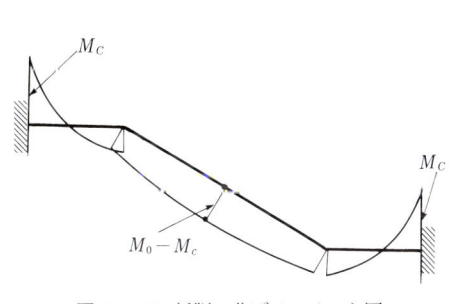

**図4.8-3** 折版の曲げモーメント図

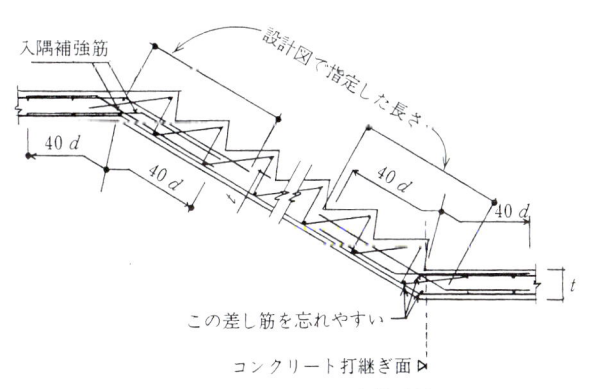

**図4.8-4** 折版入隅の配筋要領

## 4.9 パラペットの配筋

### 4.9.1 ひび割れ誘発目地

パラペットは外壁の最頂部にあり，真夏の日射で温度が60℃程度まで上昇する。長いパラペットでは真冬との温度差が大きいため縦方向にひび割れが入る。また，屋根の防水押さえコンクリートが膨張してパラペットを外側へ押し出し，外壁には屋根面の高さで横方向のひび割れが入り，室内と室外に漏水して外壁が汚れている建物を見かけることがある。

温度応力に対して，縦方向のひび割れが**写真4.9-1**に示すように不規則に入らないようにするには，外壁の縦目地を取り付けた後で**写真4.9-2**に示すように，パラペット頂部の横筋を目地ごとにすべて切断してひび割れ誘発目地とし，シールできるように目地棒を入れて鏝均しとする。

**写真4.9-3**は，手摺壁の頂部横筋を切断してコンクリートを打設し，1ヶ月ぐらい経過した後の状態である。頂部目地棒脇から縦目地の位置で確実にひび割れが発生している。

**写真4.9-1** 不規則に入ったひび割れ

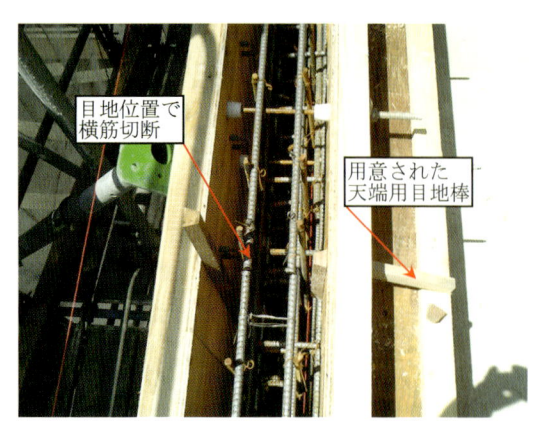

写真 4.9–2 パラペット頂部横筋を目地位置で切断     写真 4.9–3 手摺の頂部横筋を切断したひび割れ

### 4.9.2 水平打継ぎ面の施工

水平打継ぎ面は，屋根勾配があるため打継ぎ目地の高さは，水上より最低桟木1本分以上立ち上げ，外勾配となるように内側の浮かし型枠の天端を上げる。面外（壁厚）方向の温度応力に対する抵抗力は，縦筋の位置で決まるため**図 4.9–1** に示すように，壁厚に対する鉄筋相互のあきとかぶり厚さが，コンクリート打設後まで正しく保持されていなければならない。

水平打継ぎ面は，横筋が打継ぎ面を鏝押えの際に障害とならないように打継ぎ面より下げる。

パラペットの配筋は，丸環の位置のみ一般部分より多く配筋する方法もあるが，ゴンドラを吊り下げる場合は，機械基礎やその他の丈夫そうな構造物へワイヤを回して取り付ける場合があるため，パラペットには予想外の位置に外力が作用することがある。したがって，全周にわたってパラペット縦筋の有効成 $d$ とかぶり厚さ，および鉄筋量が確保されていることが重要である。

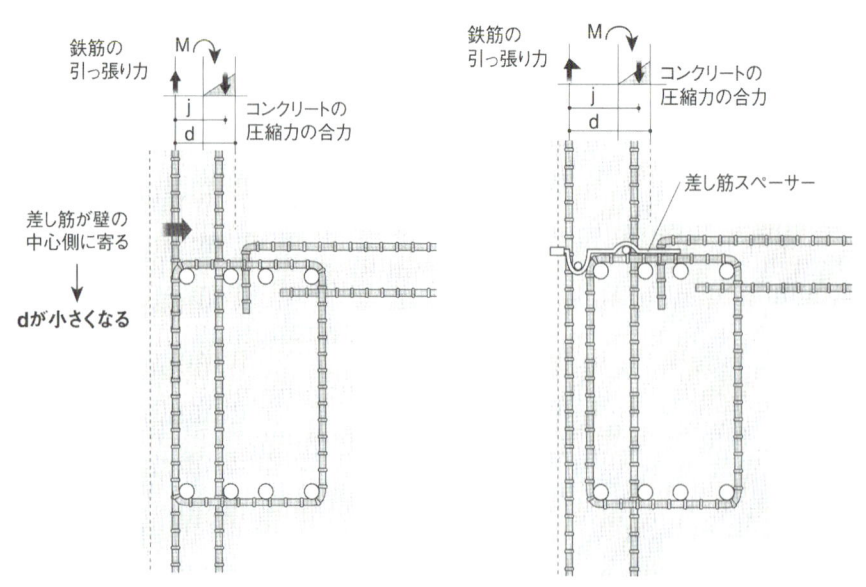

図 4.9–1 パラペットの応力と配筋 [20]

## 4.9.3 丸環に対する配慮
### (1) かんざし筋の有無

丸環は外装の保守点検をする際に，屋上からゴンドラまたは命綱を吊り下げるために利用するもので，パラペットの防水立上がり上部あごのコンクリートに打ち込まれる。丸環には既製品でステンレス 65×9 の先端に丸環が貫通する孔と，コンクリートに埋め込まれる側にかんざし筋を通す孔があけられている。かんざし筋は 2 倍の定着長さを有し，埋込み金物の左右に同じ長さとなるように挿入して周囲の鉄筋と結束する。

### (2) 丸環の突合せ溶接の信頼性

丸環には，埋込み金物の先端に $19\phi$ 程度の SUS 棒を円形に加工して，小口を溶接した既製品があり，この輪にワイヤを通して吊り下げるようになっている。輪にした溶接の信頼性に疑いがあると思われる場合は，**写真 4.9–4** に示すように，輪を外した埋込み金物にシャックルを取り付けてそれにワイヤを通す方法がある。

埋込み金物の影響でひび割れが生じて雨漏りの原因とならない対策として，埋込み金物の周囲にシールすることを規定している請負会社もある。その場合は埋込み金物の周囲にシール目地を設けられるような対策が必要である。

**写真 4.9–4** 丸環を外した埋め込み金物

### (3) パラペットあごの配筋

ゴンドラは複数の丸環や機械基礎にワイヤを巻き付けるため，丸環には水平方向と上向きの荷重が作用する。したがって，あご先端の横筋を囲うように肋筋をダブル配筋としてパラペットへ定着する。

あごの下端には水切り目地または防水立上がり部を保護するため，昔は煉瓦やコンクリートブロックを積み，表面はモルタル塗りの湿式工法であったが，最近はセメント成形板を防水立上がり面より離し，上下の溝にけんどん式ではめ込む乾式工法が普及している。あご下に埋め込むプラスチック製の溝が深く，肋筋下端のかぶり厚さが大きくなるため，**図 4.9–2** に示すように，あごの厚さは 180 mm 以上必要となる。あごの厚さが少ない場合は，横筋を切断して金物を取り付けている例があるため，コンクリート打設前の確認が重要である。

肋筋のかぶりは，あごの先端にバーサポートを支えばパラペット側の肋筋が傾いて下端が堰板に接することがあるため，肋筋の下側に受筋を通してバーサポートを支い，かぶり厚さを確保する。

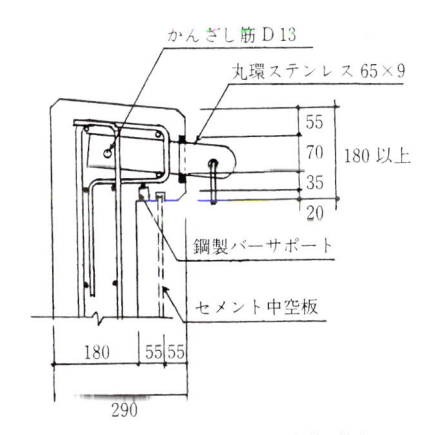

**図 4.9–2** パラペットの配筋要領

# 第5章 型枠工事

型枠はコンクリートが所定の強度を発現するまでの仮設材であるが，RC造の耐震建築とするには躯体コンクリートの品質を確保することが必要であり，次のような要素がある。

## 5.1 設計寸法の確保

### 5.1.1 コンクリートの天端高さ

構造図に記載されている躯体の断面寸法は，鉄筋のかぶり厚さを考慮した寸法であるから，躯体内に欠き込まれる目地・幅木・ボーダー・水切り・室内の防水立上がり等，連続する仕上げ材の取付け代が必要な場合は，コンクリートを付加さなければならない。

写真 5.1–1 に示す地中梁は，梁成が 1800 mm の型枠高さが不足したままコンクリートを打設した結果，堰板が低い部分ではコンクリートが流出し，鉄筋が露出したままとなっている。コンクリート打設中に係員が桟木を重ねる等の応急措置を講じていれば，地中梁の主筋が見えるようなひどい出来形にはならなかったと思われる。

部材成は断面性能への影響が大きいため，基礎や地中梁は打継ぎ目地棒がなく，天端高さは釘打ちや定規打ちして水平に打設しなければならない。梁成が低くスターラップが見える範囲は，写真 5.1–2 に示すように，主筋の周囲に打直しコンクリートが容易に充填されるように，主筋の下端から 50 mm まで斫り込む処置が必要である。

写真 5.1–1　型枠成が不足して鉄筋が露出した地中梁

写真 5.1–2　主筋下端から 50 mm まで斫り込み

### 5.1.2 梁とPC板下端の隙間

地中梁の天端にハーフPC板を載せる場合は，梁の水平精度が床の耐荷重性能に影響する。写真 5.1–3 は，地中梁の天端にハーフPC板を載せた後，湧水槽内に潜ってハーフPC板のなじみ具合を調査中の状況である。クラックスケールの目盛りが 11 mm と読めるように，隙間が大きくノロ止めを詰めているため，PC板の接点でコンクリートの潰れが徐々に進行し，荷重を支持するには不安がある。

梁天端に PC 板を載せる場合は，梁天端の鏝均し精度が水平にはできないため，隙間に無収縮モルタルを注入することが必要と思われる。

## 5.2 セパレーターの強度とかぶり厚さ

### 5.2.1 堰板とセパレーターの角度

セパレーターは，堰板へ垂直に近い状態で使用するのが原則であり，取付け角度が垂直度を失うほどセパレーターの破断強度が低下するため注意しなければならない。**表 5.2-1** は丸セパレーターの引張角度に対する曲げ引張強度であるが，角度が大きくなるにつれて強度が低下していることが判る。

写真 5.1-3 地中梁とハーフ PC 板との隙間

表 5.2-1 丸セパレーターの曲げ引張強度 [21]

| 引張角度 | 長さ 200 mm 破断強度 (kg) | 0°の場合に対する百分率 (%) | 長さ 400 mm 破断強度 (kg) | 0°の場合に対する百分率 (%) |
|---|---|---|---|---|
| 0° | 2 400 | 100 | 2 400 | 100 |
| 10° | 2 350 | 98 | 2 370 | 99 |
| 20° | 1 950 | 81 | 1 900 | 79 |
| 25° | 950 | 40 | 1 300 | 54 |

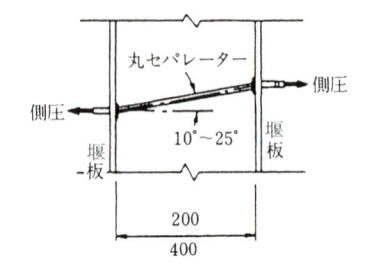

セパレーターの垂直と水平方向の間隔は，コンクリート打設時の施工荷重やコンクリートの側圧に十分耐えるように，強度計算を行い安全であることを確認しなければならない。

### 5.2.2 セパレーターのかぶり厚さ

鉄筋のかぶり厚さには神経を使っているが，セパレーターやスラブ引きセパレーターのかぶり厚さには無頓着な現場が多い。**写真 5.2-1** に示すように，鉄材は細い結束線でも錆が出てくるため，外部の堰板面はすべての鉄材のかぶり厚さを確保しなければならない。

柱の鉄筋はその数が多くて並べきれない場合は，2列目にも寄せ筋を配筋する場合がある。その際，セパレーターが不規則に配置されていれば，そのままでは主筋の是正ができない。そのため，型枠を一部解体してセパレーターを入れ替え，主筋を是正したこともしばしばあるのが現実である。

写真 5.2-1 打放しコンクリートの錆び汁

柱主筋が一列配筋の場合でも，主筋の内側へセパレーターを配置すれば，主筋をチェーンで引張っても型枠がまっすぐ立てられない。**写真 5.2-2** は，このようなケースで，鉄筋工がせっかく支った鋼製スペーサーをハンマーで叩き曲げている状況である。

柱のセパレーターは，鉄筋のかぶり厚さが最小 40 mm であるから，型枠の柱面から 45 mm の位置に柱脚から柱頭まで一直線に墨を打って孔あけを行えばセパレーターのかぶり厚さは確保される。このようにセパレーターを配置すれば，柱の寄せ筋位置を配筋検査で指摘された場合にも，所定の位置に是正が可能

である。

梁の鉄筋も最少かぶり厚さが40 mmであるから、型枠の梁底から45 mmの位置へ一直線に墨を打って穴あけをすれば、梁筋を落とし込む場合にも支障がない。

## 5.3 コンクリートの水平打継ぎ

### 5.3.1 水平打継ぎの要点

RC造の建物は一体構造として設計しているが、実際は各階ごと水平に打ち継いで施工する。打ち継ぐ位置は一般的に床スラブ面であるが、階高が4 mを超える場合は、階の中間や大梁下端までの柱や壁等の鉛直部材と、梁や床スラブの水平部材とを打ち分けるVH工法とする場合がある。床スラブ面は柱の応力が最も大きな部位で打ち継ぐことになるため、打継ぎ部の処置を怠れば耐震性能上重大な欠陥が生じる。

水平打継ぎ面には、コンクリートを均した後、コンクリート中の余剰水がブリージング水となって表面に浮上しレイタンスが堆積する。ことにコンクリート表面に窪みがありブリージング水が深い部分には、レイタンスが厚く堆積する。**写真5.3-1**は、このように堆積したレイタンスをテストハンマーで叩き、破片が散乱している状況である。水平打継ぎ面は柱からの応力を下へ伝えなければならないラーメン構造の節点である。そこに不純物を介在させないように注意して施工しなければならない。

実験による水平打継ぎ目の強度を、既往の実験をまとめた文献を**表5.3-1**に示す。この表からも判るように、試験室で現場では施工不可能な方法を講じても材料強度を確保することは難しいため、設計時点で打継ぎ部の施工法を図示しておくことが重要である。

**写真5.2-2** セパレーターが主筋の内側にあり、スペーサーを叩き曲げて型枠を建込んでいる

**表5.3-1** 水平打継ぎ目の強度[14]

| 打継ぎ方法 | 強度比 |
|---|---|
| 旧コンクリート打継ぎ面のレイタンスを取り除かずに打ち継いだ場合 | 約45% |
| 打継ぎ面を約1 mm削って打ち継いだ場合 | 約77% |
| 打継ぎ面を約1 mm削り、セメントペーストを塗って打ち継いだ場合 | 約93% |
| 打継ぎ面を約1 mm削り、モルタルを敷いて打ち継いだ場合 | 約96% |
| 打継ぎ面を約1 mm削り、セメントペーストを塗って打ち継ぎ、約3時間後に振動を与えて、再び締め固めた場合 | 約100% |

**写真5.3-1** 窪みに堆積したレイタンス

### 5.3.2 床スラブと排水溝の高低差

地下外壁の外側は土留め壁に接する場合が多く、壁の配筋前には、山留め心材への型枠セパレーターの接続金物の取付けや、横筋受けのブラケット溶接がある。水平打継ぎ面では、レイタンスの除去や打継ぎ面の窪みを無収縮モルタルで埋める補修を行った後、止水材を打継ぎ面に取り付ける先行作業がある。

先行作業からコンクリート打設までの間に、土留めからの漏水とともに流下した土砂や、配筋・型枠組立てのゴミが水平打継ぎ面に堆積するため、コンクリート打設前には入念な掃除と排水が必要となる。

**図5.3-1**に示す漏水は、竣工後に地下外壁からの漏水が排水溝の底から室内へ達し、床仕上げ材を濡らした不具合である。内壁のボード壁とブロック壁を壊して止水処理を行ったところ、原因は、排水溝の立

ち上がりのコンクリートを後打ちし、防水モルタル塗りで施工したが、水平打継ぎ面にクラックが入って漏水したことが判明した。

排水溝の立上がりコンクリートは、床スラブと同時に打設することが二重壁面の精度を確保する上で極めて困難であるため、後打ちとする場合が一般的である。

**図 5.3-2** に示す改善例では、地下外壁下部の地中梁が一般部分では上部に開口がないため、面内フレームの応力計算は省略して、壁の付帯ラーメンとして柱・梁の配筋がなされていることから、排水溝を地中梁天端に型枠打込みとしてコンクリート天端を均す場合、桟木の深さだけ 50 mm 地中梁成を縮小しても問題はない、と考えられる。

排水溝の打込み型枠を地中梁と床スラブ天端に合わせてコンクリートを打設しておけば、水平打継ぎ面の洗浄水は 50 mm 下がった躯体の溝へ流下するため、水平打継ぎ面に異物が介在することは避けられる納まりである。排水溝と直角方向に地中梁と同じ成の小梁がある場合は、外端は曲げ応力が小さいため、**図 5.3-2** に示す小梁上端主筋端部のように、地中梁上端主筋の間へ曲げ加工して定着する。この図の実施例が**写真 5.3-2**である。この変更は、地中梁成縮小とともに構造部材の変更をしなければならない納まりのため、構造設計担当者の了解を得なければならない。

排水溝の打込み型枠では壁の立上がり面精度が得られないため、**写真 5.3-3** の矢印に示すように地下壁内側縦筋の内側に桟木を通して立上がり型枠とし、上部の壁型枠が排水溝から通りよく立ち上げることが可能である。この水平打継ぎは、壁縦筋の周囲にコンクリートが充填されるため、精度のよい地下壁ができる。

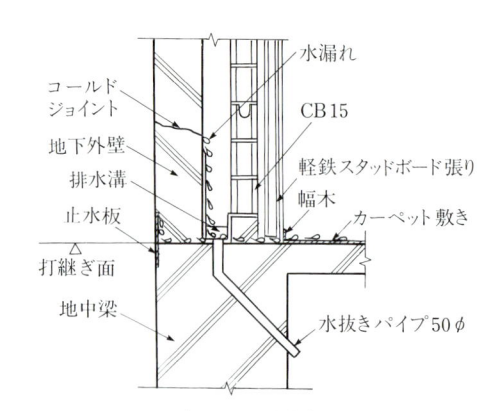

**図 5.3-1** 一般的な地下外壁排水溝の納まり

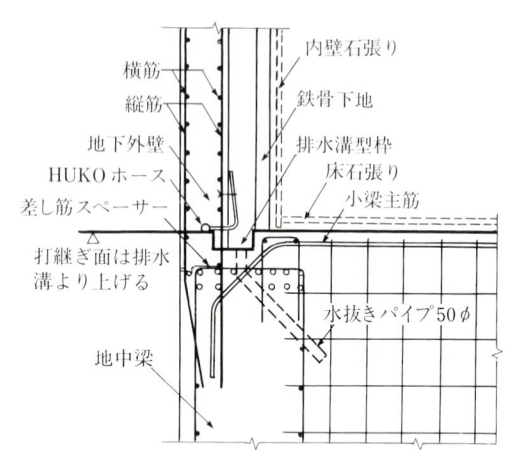

**図 5.3-2** 地下外壁排水溝の打継ぎ改善例

**写真 5.3-2** 二重壁排水溝を避けた小梁の定着

**写真 5.3-3** 地下二重壁排水溝の改善実施例

## 5.3.3　建込み型枠の敷角取付け

　床スラブ天端と梁下端型枠の高さを正確に建て込むことで層の施工高さが決まる。柱と壁の型枠下端を固定するため**写真 5.3–4** に示すように敷角を釘止めする。スラブに不陸がある場合は敷角の高さを調整してパッキンを支う方法と，敷角天端にパッキンを支って調整する方法がある。敷角と床スラブの間に生じた隙間には，モルタルを充填してノロ漏れを防ぐが，全周にわたって隙間なく充填すると水の逃げ場がなくなる。型枠を撤去した後で脚部のコンクリート表面に**写真 5.3–5** に示すような波紋が現れた場合には，打継ぎ面に異物が介在している可能性が高い。

**写真 5.3–4**　建込む型枠の土台となる敷角

**写真 5.3–5**　柱脚コンクリートの波紋

## 5.3.4　床スラブ型枠加工の作業床

　床スラブの型枠組立ては，柱や梁の周囲が役物加工となるため，先に一部のスラブを組み立て，そこに**写真 5.3-6** に示すように電動鋸を据え付けて作業床とするため，床や梁底には**写真 5.3–7** に示すように鋸屑が飛散している状況が現場で散見される。梁底に落ちたものは掃除が可能であるが，配筋後の洗浄水は掃除で残ったゴミを洗い流して柱脚の窪みに堆積することになる。

**写真 5.3–6**　床スラブ型枠上の電動鋸

**写真 5.3–7**　梁底に飛散した鋸屑

## 5.3.5 水平打継ぎ面のせん断抵抗

柱は常に上部からの荷重を支えているが，大地震時には曲げモーメント・せん断力・短期軸力が付加されるため，これらの応力を合計して柱の断面が設計されている。水平打継ぎ面のせん断応力に対しては，柱の圧縮軸力によって発生する上下コンクリートに生じる摩擦力で抵抗するとみなしているため，異物が介在すればせん断抵抗力が極端に低下することになり耐震性能が損なわれる。

型枠を解体後に前掲**写真5.3-5**に示すように，打継ぎ面が濡れている部分を釘でほじくれば，コンクリートではない堆積物が取り出され，柱の主筋が軸力のほとんどを支えていることが判る。この重大な欠陥を防止するには，**写真5.3-8**に示すように，敷角に隙間を空けてゴミ混じりの洗浄水を**写真5.3-9，10**に示すように，型枠外へ流出させなければならない。

写真 5.3–8　敷角を切り取った排水口

写真 5.3–9　柱の排水口より流出した洗浄水とゴミ

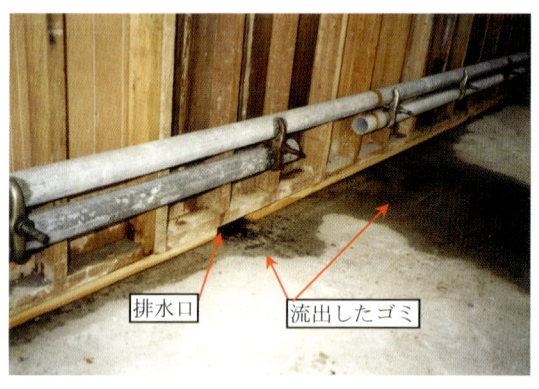

写真 5.3–10　壁の排水口より流出した洗浄水とゴミ

## 5.3.6 柱コンクリートの沈降現象

柱の水平打継ぎ部には，窪みが生じてゴミが堆積するもう一つの現象がある。柱のコンクリートは，周囲の梁成やスラブ厚さに比べて打込み高さが大きいため，コンクリートを均した後でコンクリート中の余剰水がブリージング水となり上昇して脱水され，フープの位置から柱の中心に向かって下がり窪みができる現象である。**写真5.3-11**は地階の柱頭での窪みの測定結果である。柱中心にスケールを貼り付けて撮影したものであるが，スケールの幅が15 cmであるから約30 mm沈降していることが判る。

写真 5.3–11　柱頭コンクリートの沈降現象

## 5.3.7 打継ぎ面の窪み是正

柱のフープは100 mm間隔で配筋されているため，周囲のコンクリートは下がりにくいが，フープ内のコア部分は数段ある梁主筋の定着部とセパレーターのみで，水平材が少なく沈降しやすいことは理解でき

る。この現象を防止するには，コンクリートの締固めが1回では不十分であり，コンクリートを打設後1時間前後に再度締め固めれば，コンクリートの沈降は少ないことが実験結果から知られているものの現実的ではない。せめてタンピングをすればよいと思うが，沈みクラックが生じた部分の表面のみクラックを均している施工が一般的に行われている。

柱頭コンクリートは，徐々に沈降して窪みができることがわかっているため，無収縮モルタルで水溜りができないように是正することを設計図書に特記することを構造設計者に提言したい。**写真5.3-12**は，前掲**写真5.3-4**の窪みを無収縮モルタルで水平に是正後の写真である。

### 5.3.8 柱頭窪みの改善対策

柱頭コンクリートが沈降して生じる窪みの弊害をなくし，**図5.3-3**に示す鋼製の打込み型枠を柱頭打継ぎ面の中央に取り付け，周囲のコンクリートと同時にダボを形成することで異物の介在を排除する。また，打継ぎ部の骨材が分離した部分を，内部から振動締固めを行うことにより密実なコンクリートとし，ダボによりせん断抵抗力を付与することができる**写真5.3-13〜18**に示すダボリング工法がある。

ダボリングは，100 mmの帯鋼を柱主筋の内側から50 mm以上控えた寸法でフープ状に加工し，1方向に大梁主筋と結束するための鉄筋を数本溶接した簡単な打込み型枠である。

写真 5.3-12 打継ぎ面の窪み是正

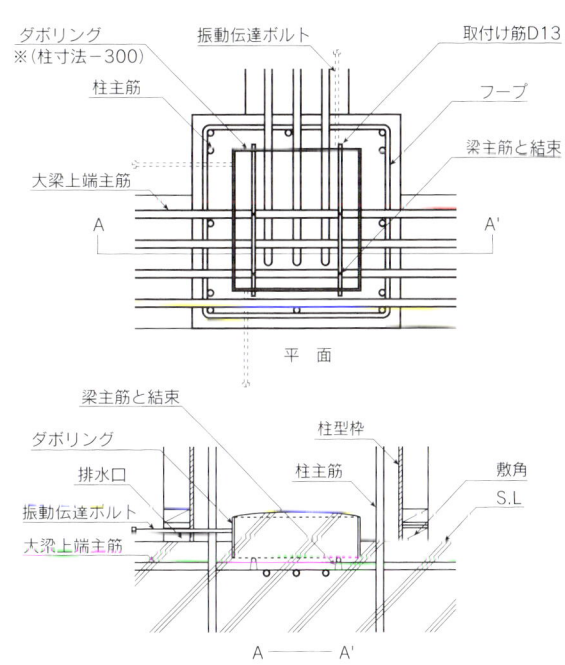

図 5.3-3 ダボリング工法[22]

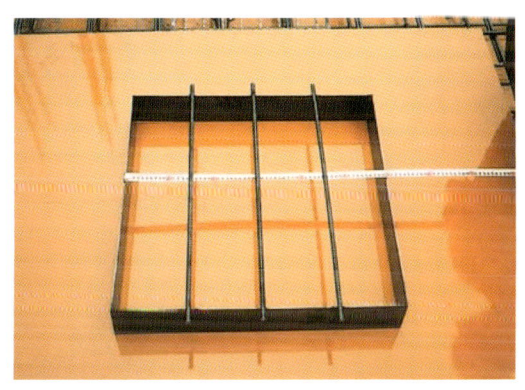

写真 5.3-13 鋼製打込み型枠「ダボリング」

写真 5.3-14 ダボリングの据付け

写真 5.3-15 同時打ちでダボの形成

写真 5.3-16 柱脚コンクリートの振動締固め

写真 5.3-17 内部振動で良好な柱脚コンクリート

写真 5.3-18 排水口がない柱脚コンクリート

### 5.3.9 柱脚掃除と点検口

　柱型枠を組み立てた後，型枠内に鋸屑・結束線・プラスチック・袋・紐等のゴミが風やコンクリート打設前の洗浄水で流され，柱脚や壁の打継ぎ部に落ちた場合，コンクリート打継ぎ部の強度・漏水・耐久性に悪影響を与えるため，型枠組立て中にゴミを落とさないよう作業員に徹底させなければならない。しかし，実際には打継ぎ面にはゴミが落ちてくるため，**写真 5.3-19** に示すように，コンクリート打設前の掃除と点検を実施した後で塞ぐ。

　点検口は，堰板の上部を少し斜めに切断しておけば出し入れが簡単であるから，事前に点検口を設けるように指示をしておかねばならない。

写真 5.3-19 柱脚の掃除兼点検口

## 5.4 コンクリートの鉛直打継ぎ

### 5.4.1 打継ぎ部の位置

　地下階がある建物では，雑排水・汚水・蓄熱等の貯留槽となる躯体を避けた位置で打ち継ぐように計画し，漏水や浸入水がないように蜜実なコンクリートを打設しなければならない。

床スラブが吹抜けとなるアトリウム・中庭・エレベーターシャフト等，建物幅に対して床スラブが断面欠損している区間で繋がっているスラブは，**写真5.4–1** に示すように収縮ひび割れが入る。したがって，意匠的に問題とならない位置を工区境として誘発目地を設け，計画的にひび割れ位置を決める。

誘発目地は漏水やコンクリートの中性化が，ひび割れから直角方向に進行するためシール目地として防水する。

写真 5.4–1　中庭の区間に入った収縮ひび割れ

## 5.4.2　地中梁の仕切り型枠

地中梁は梁成が大きく鉄筋の組立てが型枠より先行するため，側面のかぶり厚さは地墨で確認する。打継ぎ部の仕切り型枠を取り付ける前に，側面のかぶり厚さに対して主筋の位置が，正しく配筋されているか否かを確認することから仕切り型枠の作業を始める。

**写真5.4–2** は，仕切り型枠にラスやエキスパンドメタルを使用した場合で，下地に力骨となる鉄筋を井桁に組み，これに仕切り型枠を結束して取り付けているが，堰板とラスが突き付けだけのためコンクリートの側圧で大きくたわみ，大量のコンクリートが流出している。

仕切り型枠より流出したコンクリートは締め固められていない脆弱なコンクリートであるから，**写真5.4–3** に示すように，側面と直角にコンクリートカッターで切れ目を入れた後，ピックで斫り取って整形する。

ラスのかぶり不足を避けるため堰板の両側へ桟木を当て，ラスを突き付けただけでは不十分である。梁の鉛直打継ぎ面に当てる桟木は，堰板の外側から釘打ちしたいが，桟木に反力が生じないと釘打ちができない。そこで仕切り型枠の段取り筋先端に **図5.4–1** に示すように，コン止めガイドが地墨から桟木の挿入間隔に合わせて溶接してあれば，桟木をコン止めガイドの凹部に挿入した後で，堰板の外側から釘打ちが可能である。その際，釘頭を少し残しておけば釘抜きが簡単である。

写真 5.4–2　仕切り型枠の不備によるコンクリートの流出

写真 5.4–3　流出したコンクリートの斫り整形

写真 5.4–4　コン止めガイド打込み状況

**図 5.4-1** コン止めガイド取付け要領[24]

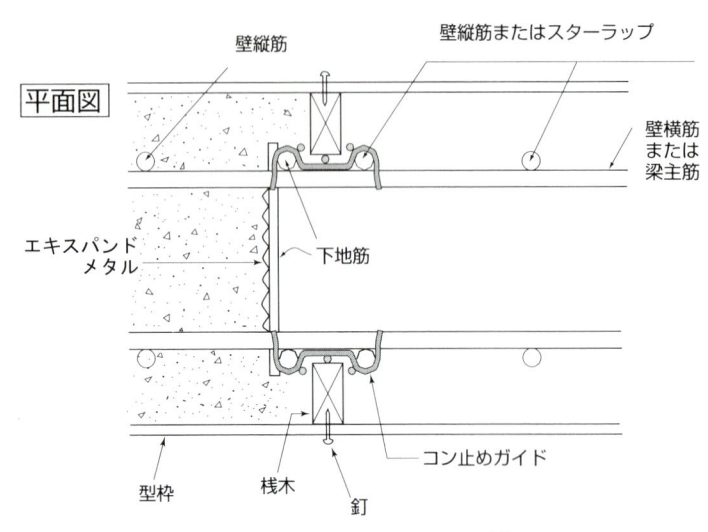

**写真 5.4-5** 一体化した良好な鉛直打継ぎ部

　仕切り型枠は，コンクリートの側圧に耐えられるようにエキスパンドメタルを使用する。桟木はコンクリートの固まり具合を見計らい，コンクリート打設当日に引き抜けば簡単である。

　地中梁側面の型枠は，打継ぎ部の仕切り型枠の状態やコンクリート打設時の監視と，流出したコンクリートの除去が必要なため，仕切り型枠の一面は堰板が外せるように計画しておかねばならない。**写真 5.4-4** は，コン止めガイドと桟木を使用した地中梁の先行コンクリートである。桟木をコン止めガイドから引き抜いた状態で，先行コンクリートにコン止めガイドが打ち込まれている状況が見える。

　**写真 5.4-5** は，打継ぎ面が直角に接するように，コン止めガイドと桟木を使用して一体化した 2500 × 2500 mm の地中梁である。耐圧版上端に残った水分が毛細管現象で矢印先端の打継ぎ面から若干上昇している。打継ぎ面より右側にある幅の狭い堰板（← 印で示した）が，先行コンクリートを打設した際の点検口である。

### 5.4.3 壁の仕切り型枠

　地下外壁では，打継ぎ部を塞ぐ仕切り型枠や止水工法に不備があれば漏水する場合がある。漏水後の止水処理が 1 回で成功することはまれであり，下部から順次上部や左右のコンクリートが密実でない部分へ移動するため多額の費用がかかる。

　壁のかぶり部分には，**写真 5.4-6** に示すようにラスや下地材等の鉄材がはみ出している場合，その下側にコンクリートの沈降による空隙が生じて水路を作ることになる。したがって，鉄筋のかぶり部分には鉄材がはみ出さないようにし，セパレーターの止水ゴムは鉄筋に当たらないように離す。コンクリートは壁面と直角に打ち継ぎ，打継ぎ面の点検ができる型枠を組み立てなければならない。

　**写真 5.4-7** に示す地下壁の漏水は，仕切り型枠にラスと目地棒を使用したが，ラスがコンクリートの側圧でずれてコンクリートが流出したため，時間が経過してコンクリートを締め固めしなかった部分から漏水している。漏水部より白く汚れて見えるのは，躯体防水材のポゾラン反応が進行しているためであるが，0.2 mm 以上の隙間には効果がないようである。**写真 5.4-8** は，上記の止水処理後に右側柱脚脇の欠陥部から漏水したため，下から順次上に向かって止水処理を進めている状況である。

　**写真 5.4-9** に示す仕切り型枠は，地下外壁の鉛直打継ぎにコン止めガイドを使用した状態で，壁の縦筋間を塞いでいるエキスパンドメタルと下地鉄筋は，壁の縦筋と同じ位置で止めてあるため，漏水の原因にはならず，耐久性の上からも問題はない。

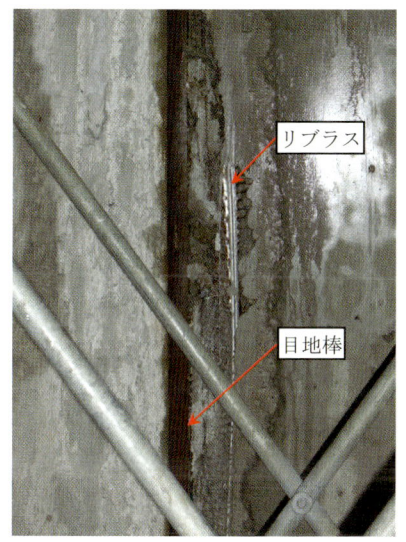

5.4 コンクリートの鉛直打継ぎ　103

**写真 5.4–6** 目地棒から離れたリブラス

**写真 5.4–7** 地下壁の鉛直打継ぎ部から漏水

**写真 5.4–8** 止水処理後に現れる漏水箇所の移動

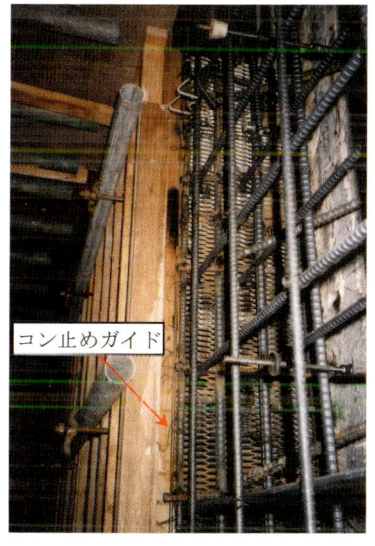

**写真 5.4–9** 壁の鉛直打継ぎ部仕切り型枠

**写真 5.4–10** 鉛直打継ぎ部の点検口

**写真 5.4–11** 脱型直後のきれいな鉛直打継ぎ部

　地階では鉛直打継ぎ部の高さが大きく壁厚が厚いため，**写真 5.4–10** に示すように堰板を打継ぎ部のみ取り外し，コンクリートの充填状況や仕切り型枠の異常を監視し，かつ，ノロ漏れの掃除口とした例である。
　後施工の壁は，打継ぎ部の締固めを十分に行い，**写真 5.4–11** の→印で示すように，打継ぎ面が堰板と直角になっているため，壁厚 800 mm の地下壁であるが，鉛直打継ぎ面での堰板を解体した直後の状態できれいに打ち継がれていることが判る。

### 5.4.4 梁の仕切り型枠

　梁の仕切り型枠が**写真 5.4–12** に示すように，目地棒と仕切り型枠の取合いが不十分でずれている場合や，**写真 5.4–13** に示すように，目地棒と仕切りラスが突付けのままでは隙間が生じてコンクリートが流出する。その結果，**写真 5.4–14** に示すように，打継ぎ目地とは異なる位置でコンクリートが流出した勾配でコールドジョイントができる。コンクリートが流出した場合は，締固めができないため気泡を多く含

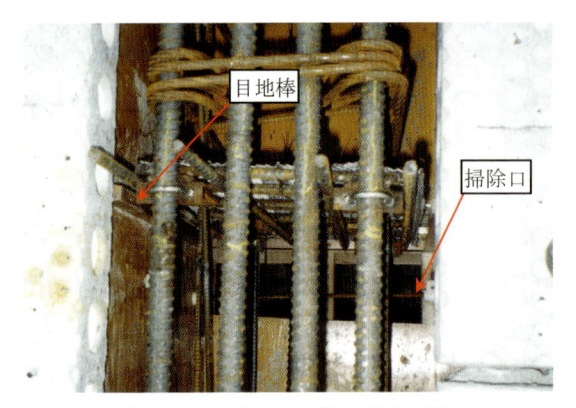

写真 5.4–12　目地棒とずれた仕切り型枠

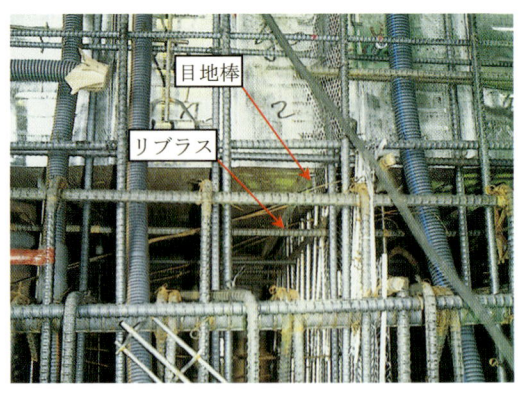

写真 5.4–13　目地棒と突付けのリブラス

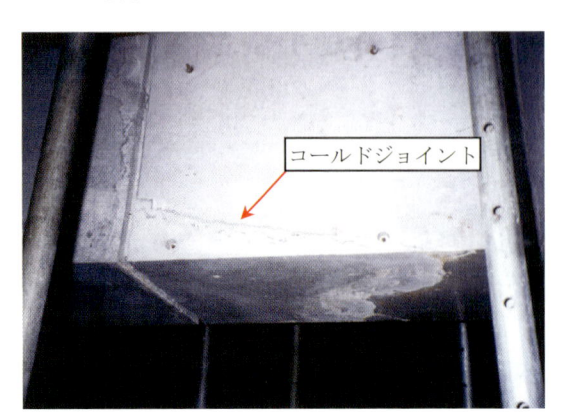

(a) 普通コンクリート Fc240–20 スランプ 18

(b) 高強度コンクリート Fc60–20 フロー 55

写真 5.4–14　不備な仕切り型枠の打継ぎ

んだ脆弱なコンクリートとなる。

　流出したコンクリートの斫り屑を，鉄筋が交錯している梁底から完全に拾うのは困難であるため，梁底には落とし口を設けられるように組み立てるほうが効率的である。

　梁の側面は地中梁と同じ要領でコン止めガイドと桟木を使用し，梁底も同様の工法で施工すれば**写真 5.4–15** に示すように，梁底の掃除口から斫り屑が落とされているため，一体化した良好な鉛直打継ぎが可能である。

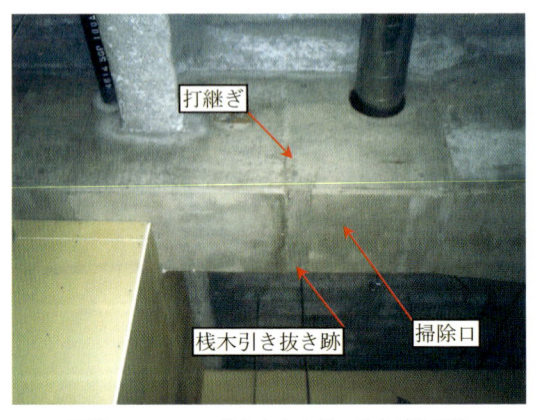

写真 5.4–15　一体化した大梁の鉛直打継ぎ部

## 5.4.5　床スラブの仕切り型枠

　床スラブの工区境は，梁と同じ位置に一直線で通るように仕切り型枠を取り付ける。仕切り型枠に使用する材料は，① バラ板，② パイプレン，③ メタルラス，④ リブラス，⑤ エアーフェンス，⑥ コン止めスペーサー等がある。

　①バラ板は昔，他の材料がない頃の工法であり，解体後の発生材が出るため建築工事では現在はほとんど採用されていない。

　②パイプレンは，**写真 5.4–16** に示すように，プラスチックの細いパイプの上部にガンベルト状の孔にパイプを挿入したもので，転用できるためコストを優先するゼネコンは採用することがある。しかし，鉄

**写真 5.4–16** パイプレンの仕切り型枠による打継ぎ不具合

**写真 5.4–17** 欠陥マンションのパイプレン跡形 [25]

**写真 5.4–18** エアーフェンスの打継ぎ不具合

**写真 5.4–19** コン止めスペーサーの使用例

筋の下部は大きな隙間があり固定しないためコンクリートが流出し，直線に打設することはできない．コンクリートが硬化した後でパイプレンを引き抜いたままで打ち継げば，**写真 5.4–17** に示すように，流出したコンクリートの後処理が不十分な場合は欠陥建物となる．この建物は現在裁判で係争中である．

③メタルラスと④リブラスは，網目が大きいためコンクリートの流出が多く，2，3重に重ねた部分は後施工のコンクリートに空洞が生じないための切取りが大変である．また，かぶり部分にある鉄材が品質上問題である．

コンクリートに使用する砂の粒径が 2 mm のふるいを通過している材料のため，打継ぎ部の仕切り材は 2 mm 以下の隙間を有したラスやエキスパンドメタルが必要である．

⑤エアーフェンスは，ゴムチューブに空気を圧入してコンクリートの側圧に抵抗する工法である．丸いチューブを**写真 5.4–18** に示すように横使いすれば，円弧の頂点よりコンクリートが下がって打設されているため，このままでは後施工コンクリートの打継ぎ部に連続した空洞を作ることになる．

⑥コン止めスペーサーは，打継ぎとなるラスがスペーサーの開いた足に溶接してあるため勾配が付いている．後施工のコンクリートが沈降して打継ぎ面に隙間が生じないように，ラスが後施工側に向くように置き，上端筋用と防錆措置が施された下端筋用のコン止めスペーサーが離れないように結束し，継手も隙間がないようにセットする．最後に見切り桟を番線で一直線となるように結束する．コン止めスペーサーを正しく施工すれば上端筋が下がることがないため品質・性能ともに推奨できる工法である．**写真 5.4–19** にコン止めスペーサーの施工例を示す．

## 5.5 ノロ漏れ

パネル相互の隙間や転用するパネルのセパレーター孔から，通称「ノロ」と呼ばれる砂混じりのセメントペーストが外部へ漏れて流出すると，コンクリートの母体である粗骨材間のマトリックス部に空隙が生じて，粗骨材の繋ぎ材が失われることになる。その結果，コンクリート表面には砂すじや豆板が現れ，コンクリート強度が低下する。また，流出したノロの体積が減少するためコンクリートが沈降し，水平に配筋された鉄筋の下部には空隙が生じ，ひび割れから雨水が浸入して雨漏りが長時間止まらないことになる。これが繰り返されれば鉄筋が錆びて膨張し，周囲のコンクリートが爆裂することになる。

### (1) 型枠脚部

型枠脚部は，先行コンクリートの天端レベルの精度に左右されるが，**写真 5.5-1** に示すように，敷角とパッキン間の詰めモルタルが不十分な場合は，ノロ漏れが生じる。

**写真 5.5-1** 型枠脚部からのノロ漏れ

### (2) パネル接合部の隙間

パネルの接合部を桟木相互を釘打ちのみで留め付け，釘の間隔が粗い場合や，**写真 5.5-2** に示すように，桟木相互に隙間があるまま組み立てられている場合は，大量のノロ漏れが生じることが予想される。**写真 5.5-3** に示すように，柱と壁の出隅や入隅から大量にノロ漏れする場合があるため，打放しコンクリートの型枠のように，釘留めの間隔を 250 mm@ 程度に狭くすることが望ましい。

### (3) セパレーター孔

堰板を転用する際に，セパレーター孔を塞ぐ処理がされていない場合は，**写真 5.5-4** に示すようにノロ漏れが生じる。

**写真 5.5-2** パネル相互の隙間

**写真 5.5-3** パネルがたわんだノロ漏れ

**写真 5.5-4** 転用パネルのセパ孔からのノロ漏れ

## 5.6 支保工のゆるみ

　支保工は，梁・床・バルコニー・庇・垂れ壁等，横架材の型枠を下から支持し，コンクリート打設荷重に対して沈下・たわみ・倒れ・ねじれ等が生じないように構成する支持材をいう。

### 5.6.1 埋め戻し土の場合
　支保工の基盤が埋戻し土の場合は，沈下しないように突き固めるとともに，サポートがめり込んだり滑らないようにする措置が必要である。

### 5.6.2 コンクリートスラブの場合
　基盤がコンクリートスラブの場合は，コンクリートの材齢や強度管理に注意することは基本であるが，打設するコンクリートの重量に応じてサポートの間隔や，先行スラブ下にサポートが必要か否かを検討しておかねばならない。

### 5.6.3 補助サポートを繋ぐ場合
　階高が高く補助サポートを継ぎ足して支持する場合は安全のため，継手付近に振れ止めが$X$，$Y$ 2方向に配置されていることを，コンクリート打設前に確認しておかねばならない。**写真5.6–1**に示す補助サポートの振れ止めは，端太角2本と直交するパイプを番線で斜めに縛っているが，パイプにあだ巻きしていないため滑る恐れがある。

**写真 5.6–1** 振れ止めパイプの縛り方不備

### 5.6.4 サポートの脚部が傾斜している場合
　床スラブが梁の下端に取り合うバルコニーの逆梁天端は，水勾配があるため上階の梁を支持するサポートの脚部が不安定となり，コンクリート打設の衝撃でサポートがゆるむ恐れがある。このため，楔を打ち込み，脚部が移動しないようにする措置が重要である。**写真5.6–2**に示すひび割れは，大梁のコールドジョイントから下側に断続的に柱の中心まで達している。このひび割れ写真を幾人かのゼネコンの所長に見せて見解を求めたが，柱幅の中央に入るひび割れについて誰からも明確な回答は得られなかった。筆者はコンクリートの凝結後に，スパン中央付近のサポートがゆるんだものと推察している。

**写真 5.6–2** サポートのゆるみで生じたひび割れ？

### 5.6.5 打継ぎ部のずれ
　床スラブの段差が柱を横断している場合，柱を高いほうの天端に合わせてコンクリートを打設すると，上階の型枠建込みの際に斫りがないように型枠を小さく組み立てるため，コンクリートが地墨より小さく立ち上がっていることが多い。この状態で型枠を建て込めば**写真5.6–3**に示すように，立上がりコンクリートと堰板との間にわずかな隙間が生じる。この隙間が粗骨材より小さい場合はコンクリートが充填されず，

108　第 5 章　型枠工事

**写真 5.6–3**　スラブ段差部の先行躯体と型枠の隙間

**写真 5.6–4**　床段差部の隙間に断面欠損を生じたコンクリート出来形

**写真 5.6–5**　ワイヤメッシュで剥離防止

**写真 5.6–6**　柱主筋の奥 50 mm まで斫り整形

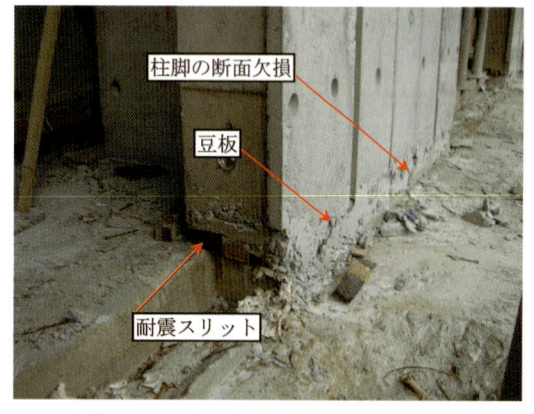

**写真 5.6–7**　床段差部柱脚の欠陥コンクリート

**写真 5.6–8**　床段差部柱脚を斫り後コンクリート打設

**写真 5.6–4** に示すように，柱の打継ぎ部にずれが生じるため柱脚に断面欠損を生じる。

　隙間が大きくコンクリートが充填されても無筋コンクリートの打継ぎとなり，耐震性能は低下する。したがって，段差がある場合の柱の水平打継ぎ面は，低いほうに合わせてコンクリートを打設するほうが不具合が生じない。

　柱のかぶりが少ない場合は，**写真 5.6–5** に示すように，あと施工アンカーを打ってワイヤメッシュを溶接する方法もあるが，構造的には十分な是正方法ではない。**写真 5.6–6** に示すように柱主筋の奥 50 mm まで斫り込み，後施工のコンクリートが鉄筋の周囲に充填されるように整形すれば，構造的には大きな欠

陥にならないと考えられる。

　室内とバルコニーの床段差が 50 mm の柱脚で，段差の浮かし型枠がかぶり不足の状態でコンクリートを打設すれば，**写真 5.6–7** に示すように断面欠損部や豆板のあるコンクリートとなるが，段差側の柱主筋の内側を 50 mm 程度バルコニー面まで斫ってコンクリートを打設した出来形は，**写真 5.6–8** に示すように欠陥は生じない。

## 5.7 堰板のケレンと剥離剤塗布

### 5.7.1 堰板表面の状態

　堰板は新品を購入した後，1 回でも多く転用すればコストが下がるため，昔は人夫を雇って釘仕舞いとケレンをしていたが，最近ではケレン棒を見ることがなくなり，モルタルやノロが付着したまま平気で使用する現場が多くなっている。

　この頃はオーバーレイ合板が堰板の主流となり，剥離性が良すぎてタイル下地には不向きなため，**写真 5.7–1** に示すように超高圧洗浄水でコンクリート表面を処理するようになってきた。超高圧洗浄水で処理した後には**写真 5.7–2** に示すように模様ができる。

　オーバーレイ合板でも転用回数が多くなれば剥離性が劣化し，**写真 5.7–3** に示すようにモルタルが付着するようになる。このまま型枠を組み立ててコンクリートを打設すれば，**写真 5.7–4** に示すように型枠を脱型後コンクリート表面に凹凸が生じる。補修しても色むらが目立って躯体品質の劣悪さをさらけ出すことになる。

**写真 5.7–1**　超高圧洗浄水で表面処理状況

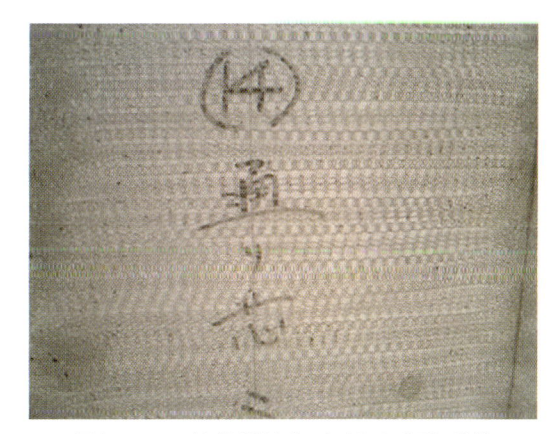

**写真 5.7–2**　超高圧洗浄水で処理した表面の模様

**写真 5.7–3**　ケレン未処理のパネル建込み

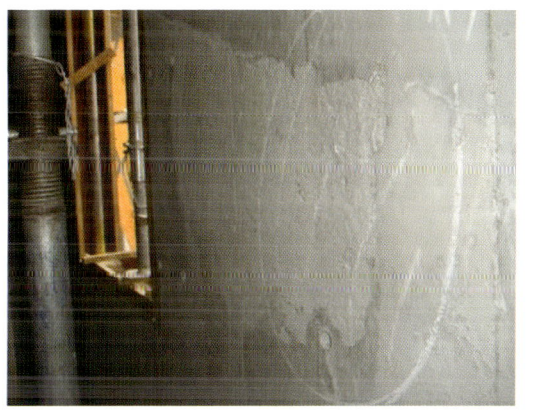

**写真 5.7–4**　コンクリート表面の凹凸

## 5.7.2 堰板の剥離材塗布

　型枠の剥離材を鉄筋の上で塗布し，鉄筋に剥離材が付着しても周囲の誰も罪悪感を抱かないのは驚きである．RC 造は鉄筋とコンクリートとの付着力で成立しているため，鉄筋表面に剥離材が付着してはならない．

　**写真 5.7–5** に示す例では，マンションのバルコニー先端に設ける排水溝の打込み型枠を組み立てる前に，片持スラブの配筋上で剥離材を塗布した跡がはっきりと判る．

**写真 5.7–5**　鉄筋に付着した型枠の剥離材

# 第6章 コンクリート打設工事

## 6.1 打設計画

### 6.1.1 打継ぎ位置

基礎や耐圧版等の容積が大きい部材を除き，1日で打設可能なコンクリートの容積は 250〜300 m³ である。これはコンクリートポンプの能力ではなく締固め能力で決める。締固めをしない躯体コンクリートは，**写真 6.1–1** に示すようにコールドジョイントができて一体性が損なわれ，耐久性が劣るようになる。

冬季には凍結の恐れがあるため，コンクリート打設の終了時刻を早める場合は数量が減少することになる。

現場施工のコンクリートは，セメントが水和反応するために必要な水量の2倍以上の水と気泡が混入されているため，型枠内へ充填するだけでは設計強度が不足する。したがって，余剰水と気泡を追い出すように

**写真 6.1–1** 隣家の解体で現れた締固め不良の躯体コンクリート

入念に締め固めるため「コンクリート打ち」または「コンクリート打設」という。場所打ち杭や連続地下壁の場合は，トレミー管を用いて水中の掘削孔へセメント量を多く調合したコンクリートを流し込み，締固めをしないで充填するが，これも「コンクリート打設」という。

1日の打設量からコンクリートの打継ぎ位置を計画する場合でも，5.4.1 の「打継ぎ部の位置」で述べたことを考慮し，打継ぎ位置の全体計画を協議して工事監理者の承認を得る。

### 6.1.2 打設計画書

「打設計画書」には，コンクリートの呼び強度・水セメント比・スランプ・混和剤・打設量・打設順序・作業員構成・打設所要時間・テストピース採取数量・バッチャープラント名等を記載し，打設前日までに工事監理者へ提出して承認を得る。

コンクリート打設後は，打設数量と経過時間のグラフ等を記入した「コンクリート打設結果報告書」を工事監理者へ提出する。

## 6.2 打設準備

### 6.2.1 水平打継ぎ面の処理

先行コンクリートの水平打継ぎ面が，**写真 6.2–1** に示すように均しや鏝押えをしていない場合は，打継ぎ段差の桟木上にコンクリートが載っている部分や低い部分があり，段差の形がふぞろいとなる。また，

112　第6章　コンクリート打設工事

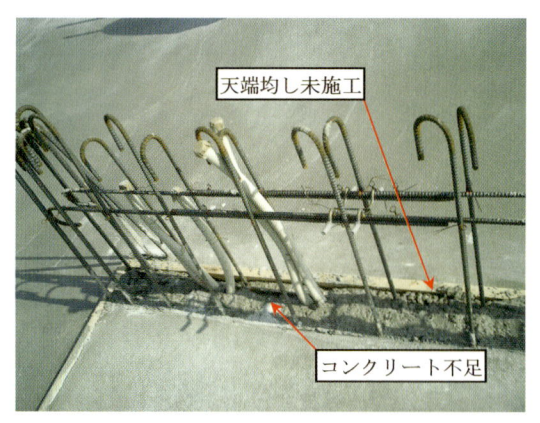

写真 6.2-1　鏝押えをしていない水平打継ぎ面

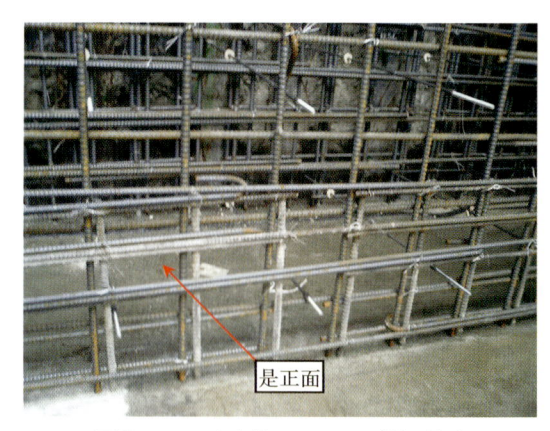

写真 6.2-2　無収縮モルタルで平滑に是正

　コンクリート打設前に行う型枠内の洗浄作業により水溜りに異物が堆積し，コンクリートの一体性が損なわれる。したがって，強度の低下・漏水・耐火性等の悪影響が生じるため，墨出し後は強度の発現を待って脆弱なコンクリートは斫り，**写真 6.2-2** に示すように打継ぎ面が周囲のコンクリート天端より低い部分や凹凸部は，無収縮モルタルで平らに均す処置を講じておかなければならない。

### 6.2.2　置きスラブ鉄筋に付着したノロの除去

　地中梁のコンクリートを床スラブ下端で水平に打ち継ぐ場合は，鉄筋にノロが付着するため，放置すれば**写真 6.2-3** に示すように，鉄筋に付着したノロの除去作業に多数の人工が必要でコスト増になる。コンクリート打設中に濡れブラシでノロを拭き取る場合は，濡れブラシの雫(しずく)を打設済みのコンクリート面に垂らさないように，バケツ内でブラシの水を2度振り切ってから鉄筋の汚れを拭き取り，鉄筋が白く汚れていてもよいことを，当日の作業担当者に対して作業開始時に指導しておかねばならない。

　バケツ内でブラシの水切りをせず，鉄筋を水で洗うようにきれいに汚れを落とそうとすれば，各階のコンクリート打設で回し打ちする場合は，**写真 6.2-4** に示すように鉄筋はきれいになるが，周辺コンクリート面に落とした雫がノロを洗い流し，柱や壁の低いコンクリート上に水が溜まる。気付かずにその上にコンクリートを打設すれば低強度や硬化しないコンクリートを挟むことになる。

写真 6.2-3　鉄筋に付着したノロの除去作業

写真 6.2-4　鉄筋の汚れ落としで流出したコンクリート表面のノロ

### 6.2.3　レイタンスの除去

　地中梁の天端は，地下外壁の差し筋が林立しているため水平に均すことが困難な部位であるが，打継ぎ面に窪みがあればブリージング水が集まり，窪みの底にはレイタンスが厚く堆積する。**写真 6.2-5** は堆積

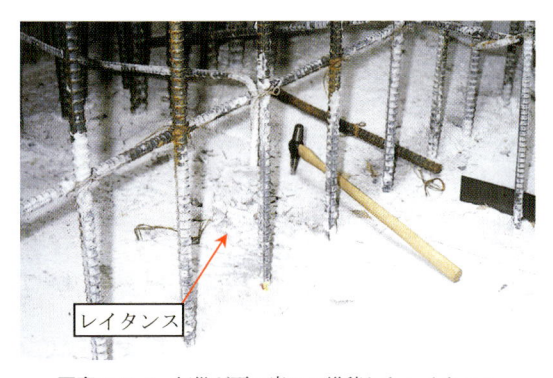

**写真 6.2–5** 打継ぎ面の窪みに堆積したレイタンス

**写真 6.2–6** 高圧洗浄水による水平打継ぎ面のレイタンス剥し

したレイタンスをテストハンマーの先端で叩いて剥がし，少し横でテストハンマーの先端を突き刺してみたところであり，周辺には破片が散らばっている。

　レイタンスは，水和反応をしないセメント中に含まれている不純物であるから，コンクリートの打継ぎ部に残っていれば一体性と止水性が損なわれる。したがって，墨出し後は早めに**写真 6.2–6** に示すように高圧洗浄水でレイタンスを剥がし，圧搾空気またはスポンジ等で水溜りをなくす処置を講じなければならない。

### 6.2.4 落葉対策

　銀杏が黄葉して落葉する時期は，常緑樹であっても落葉が多く型枠内の水平打継ぎ面へ大量に積もる。耐圧版上の地中梁や柱の型枠内を洗浄後，コンクリート面に密着した落葉を除去するのは大変手間のかかる作業であるが，打継ぎ面に落葉を介在させることは許されない。

　コンクリート打設は，早朝より開始されるため型枠内の異物は前日までに除去しておき，近くに樹木がある場合は，落葉対策を講じておくのが得策である。**写真 6.2–7** は，型枠を組み立てた上空に安全ネットをかけ，ネットの端にはリングを取り付けた孔にワイヤを通し，開閉自在として資材の搬入ができるようにしている。

**写真 6.2–7** 型枠上空に覆った落葉受けネット

### 6.2.5 掃除口の点検

　柱脚に掃除口を設けていても，点検の済んでいない前日に塞ぐ場合がある。また，後から異物が落ちることもあるため，コンクリート打設当日には**写真 6.2–8** に示すように，柱脚の掃除口をサーチライトで覗き，水溜りや異物がないことを確認後に塞がなければならない。水溜りがある場合は圧搾空気で吹き飛ばし，ゴミは取り除く。

**写真 6.2–8** 柱脚部型枠の掃除口より点検

### 6.2.6 先送りモルタルの廃棄

コンクリートポンプ車には水タンクが装備されていて，コンクリートをホッパーへ投入する前に，**写真 6.2–9** に示すようにスクリューコンベア内に注水し，その後，セメントまたはモルタルを投入して圧送管内を湿すため先送りモルタルを圧送する。

先送りモルタルは廃棄し，絶対に打ち込んではならない。これを型枠内に打ち込めば**写真 6.2–10** に示すように，硬化しないコンクリートが現れ，後の処置に多大な時間とコストが必要となる。

**写真 6.2–9** ポンプ車ホッパーに注水中

**写真 6.2–10** 柱の一部が硬化しない欠陥コンクリート

圧送管なしで打設可能な場合は，モルタルを運んできた生コン車をすぐに返さずに待たせておき，**写真 6.2–11** に示すように，筒先を生コン車のホッパーへ向けて，先送りモルタルを投入してバッチャープラントで廃棄すればよい。

圧送管がある場合は，**写真 6.2–12** に示すように，先送りモルタルを通称「舟」と呼ぶ容器に受け，打設工区を記入した黒板とともに写真撮影をして工事監理者へ提出する。

**写真 6.2–11** 先送りモルタルを生コン車に回収

**写真 6.2–12** 先送りモルタルの廃棄容器を撮影

## 6.3 コンクリート打設

### 6.3.1 生コンクリートの受入れ検査

コンクリートは，現場で打設されるまでは半製品であり，打設作業の良否により躯体の品質が左右される。『建築工事標準仕様書　JASS 5 鉄筋コンクリート工事』[29)] では，**図 6.3–1** に示すようにフレッシュ

コンクリート（生コンクリート）としての検査と，構造体コンクリートとの2段階で検査を行うようになっている。

現場で行う生コンクリートの受入れ検査は，**写真 6.3-1** に示すスランプ・空気量・塩分測定を行い，テストピースを採取後に写真撮影して記録する。試験方法については JASS 5 による。

**写真 6.3-1** 生コンクリートの受入れ検査

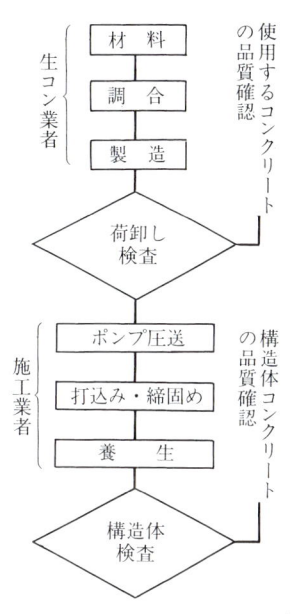

**図 6.3-1** JASS 5 の検査体系[29]

## 6.3.2 型枠内の水湿し

型枠内は，配筋する前に，**写真 6.3-2, 3** に示すように掃除機や磁石等の器具によりいったんは異物を掃除する。しかし，配筋後に行う設備のスリーブや打込み配管作業により，型枠内に再び異物が落下し，鉄筋にも埃が付着するため，これを高圧水により洗浄する。したがって，コンクリート打設直前にはサーチライトで水溜りの有無や位置を確認しておき，コンクリート打設前に溜まり水を圧搾空気で吹き飛ばすか，スポンジ等で吸い取らなければならない。

**写真 6.3-2** 掃除機による型枠内の掃除

**写真 6.3-3** 磁石による鉄材の拾い

## 6.3.3 圧送管の支持

ポンプクリートの圧送管は，振動するため床スラブ配筋上へ直接置くことはしないが，**写真 6.3-4** に示すように，端太角や古タイヤを置いていることが多い。細いスラブ筋は繰り返し振動する圧送管の重量で曲がりや，結束のゆるみが生じる。

圧送管を段取り替えの際に継手を切り離した場所で，締固めをしないコンクリートが島状に硬化し，鉄筋との付着が切れたコンクリートになる。そこで**写真 6.3-5** に示すように，圧送管の継手位置にコンクリート型枠用パネル（通称コンパネ）を置き，その上に古タイヤを置けば，荷重が分散され，振動してもスラ

116　第6章　コンクリート打設工事

写真 6.3-4　圧送管を端太角で支持

写真 6.3-5　コンパネの上に古タイヤを置いた圧送管

ブ筋上をコンパネが滑るため，鉄筋の結束がゆるむことが少ない。圧送管の振動で古タイヤがずれないように，コンパネの周囲に桟木を釘留めしている。

圧送管の継手を切り離す場合は，管内のコンクリートをコンパネ上に排出し，このコンクリートは打設場所へ運んで投入し，バイブレーターで締め固めるようにすれば不具合は生じない。

### 6.3.4　水平打継ぎ面のシヤーコネクター

マットスラブは，耐圧版を地中梁成と同じ厚さとした無梁版構造の基礎スラブであるから，コンクリート打設量が多く，1日に打設可能な量が限られるため，水平や鉛直方向に打継ぎが生じる。

水平方向に打ち継ぐ場合は，曲げモーメントの中立軸でせん断応力が最も大きくなるが，マットスラブは柱と異なり圧縮力に伴う摩擦力が小さいため，鉄筋のダボ効果によるせん断抵抗力が必要である。したがって，シヤーコネクターを先行コンクリートに打ち込んでおかねばならない。

水平方向の打継ぎは施工の都合により設けるため，設計図書には記載されていない場合が多い。したがって，施工計画の段階で工事監理者を通じてその補強方法を協議する必要がある。

### 6.3.5　コンクリート打継ぎ面の処理

先行コンクリートの上部に打ち継ぐ場合は，コンクリート天端にはレイタンスが付着している。天端に窪みがある部分にはブリージング水が溜まり，レイタンスが厚く堆積している場合があるため，健全なコンクリート面が現れるまで除去した後，強度が高い無収縮モルタルで周囲のコンクリートより高く均さなければならない。

写真 6.3-6　超高圧洗浄装置

写真 6.3-7　高圧洗浄水でレイタンス剥がし [27]

レイタンスを除去するには**写真6.3–6**に示すように，超高圧洗浄装置によるウォータージェットを使用する方法が最も有効である．しかし，施工費が高価なため建築工事ではタイル張りの下地処理には採用されているが，打継ぎ面の処理に採用される例は少ない．ウォータージェットは超高圧洗浄水のノズルが回転しながら射水するため，前掲**写真5.7–2**に示したように表面を剥がした模様ができる．

コンクリート打設後で墨出しが終わった頃であれば，比較的コストが安い高圧洗浄水（ハイウォッシャー）でも**写真6.3–7**に示すように，放射角度によりレイタンスを除去することが可能である．ワイヤーブラシ掛けも効果はあるが能率が低い．鏝押えは，これによりレイタンスの除去はできないが，レイタンスが厚く堆積することを防止するためには大切な作業である．

## 6.4 部材ごとのコンクリート打設

### 6.4.1 マットスラブ・耐圧版

マットスラブや耐圧版のコンクリート打設は，他の部材より容易であるが横流しは骨材の分離を招く恐れがあるため，移動しながら均等な厚さとなるようにバイブレーターで締め固めながら打ち進めなければならない．

マットスラブの上端筋を先組みしている場合は，鉄筋に付着したノロが乾く前に落すが，濡れブラシの雫を垂らし，コンクリート表面のセメントペーストが流出している場合があるため，バケツ内で水切りを2度振り切った後で拭き取るように作業員を指導する．

レベルコンクリートに不陸があると水溜りが生じるため，ポンプクリートの筒先を操作する作業員には，水溜り内へコンクリートを直接投入せず，片押しで躯体の範囲外へ排水できるような投入をするように事前に指導しておかねばならない．

### 6.4.2 基礎のコンクリート打設

基礎の底面は，$X$, $Y$ 2方向のベース筋上に柱主筋のテールが載るため，地中梁の主筋は，基礎を水平に配筋できるように，地中梁底面より50〜100 mm程度下げて段差を設ける設計が一般的である．しかし，既製杭頭の外側に根巻きがある場合は，地中梁底が根巻底より高い位置となるため，コンクリートの打設は地中梁底でいったん打止めとし，地中梁成の中間では打ち継がないように計画しなければならない．

**写真6.4–1**に示すコールドジョイントとコンクリートの崩落は，旧都市整備公団が分譲したベルコリーヌ南大沢団地の一部の基礎と地中梁のものであり，『日経アーキテクチュア』(2004年6–28号) に掲載された．このマンションはこれまでに5〜6階建の20棟を解体し，建替えを余儀なくされている．コンクリートに骨材の分離が生じ，基礎コンクリートを地中梁底より高く打設した結果，生コンクリートが地中梁へ流出してコールドジョイントができた不具合であることが見て取れる．

地中梁が基礎成の約半分くらいまで重なっているため，基礎の腰板が地中梁幅で切り込まれている部分から基礎梁成の中間まで高く打ち上げたコンクリートが，地中梁へ流れて生コンクリートの勾配でコールドジョイントが現れている．

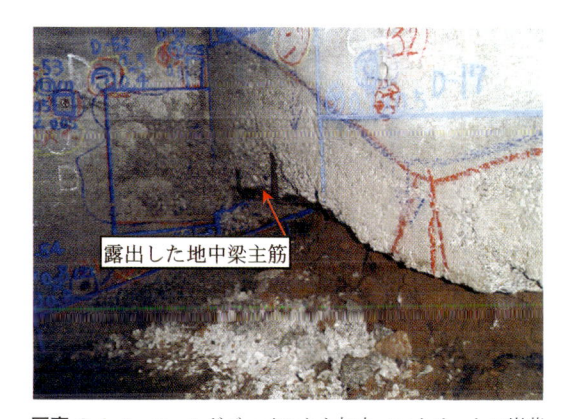

**写真6.4–1** コールドジョイントと加水コンクリートの崩落

このコンクリートはセメントペーストが流出しているため，手で軽く触っただけで粗骨材がポロポロと落下する状態であった．調査以前に落下していた部分の主筋とスターラップが，はなはだしく錆び付いて

いたことから，生コンクリートに多量の加水をしたものと思われる。

## 6.4.3 地中梁のコンクリート打設
### (1) ポンプクリート打設

ポンプクリートの筒先には，**写真 6.4–2** に示すように，後から打設する床スラブや小梁の型枠上にコンクリートをこぼさない対策を講じ，鉄筋に載ったコンクリートを落として，それを打設済みのコンクリート内へ突き固める係と，鉄筋に付着したノロを濡れブラシで拭き取る係を配置しなければならない。

鉄筋に付着したノロの汚れ落としは，**6.2.2**「置きスラブ鉄筋に付着したノロの除去」の要領を係の作業員へ指導する。

写真 6.4–2 筒先周辺を養生した打設例

### (2) 置きスラブの地中梁天端水平精度

地中梁のコンクリート打設には，① 地中梁と上部床スラブを同日に打設する場合と，② 上部床スラブを地中梁の型枠解体後に置きスラブとして施工する場合がある。

①は型枠解体用の仮設開口部が区画ごとに必要で，床開口補強が多数となる。②は地中梁の型枠を床スラブ施工前に解体して埋め戻す場合や，湧水槽では床スラブの型枠解体が不要なハーフPCa板やフラットデッキとして型枠の解体を省く場合がある。

置きスラブとなる地中梁は，**写真 6.4–3** に示すように，後施工の置きスラブ成の中に地中梁コンクリートの天端が食い込めば，地中梁側面で置きスラブ成が小さくなり，せん断耐力が不足する。したがって，コンクリート天端の位置が水平となる目地棒や，打継ぎ面を示す多数の釘打ちが必要である。

地中梁天端のコンクリートが床スラブの型枠面より高い場合は，**写真 6.4–4** に示すように，コンクリートカッターで水平に切れ目を入れた後，余分なコンクリートを斫り取らねばならない。

写真 6.4–3 置きスラブの地中梁コンクリート。コンクリート天端が高くスラブ成が不足する

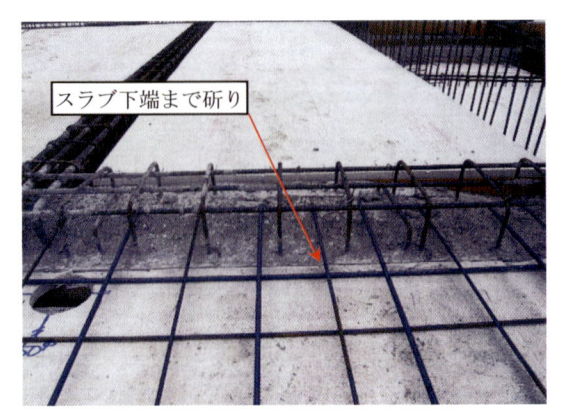

写真 6.4–4 地中梁天端の斫り是正

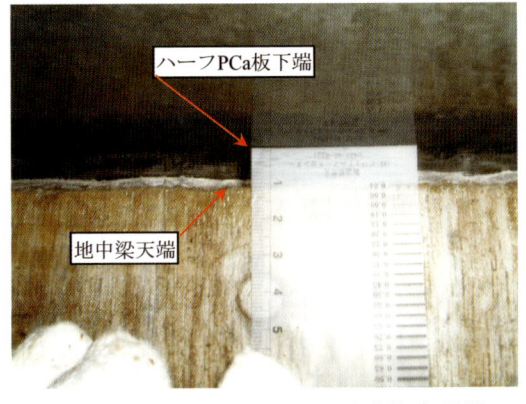

写真 6.4–5 地中梁とハーフPCa板接触面の隙間

地中梁天端にハーフ PCa 板を敷き並べた場合，地中梁天端とハーフ PCa 板下端との接触面が密着せず**写真 6.4–5** に示すように隙間が生じた部分にはグラウトが必要である。

## (3) 人通孔周辺のコンクリート打設

人通孔の直径は 600〜700 mm$\phi$ で設けられ，地中梁の断面欠損が大きくなるため開口補強で複雑な配筋となるが，コンクリートを確実に充填しなければならない。スリーブ周辺のコンクリート打設で基本的なことは，片方から打設したコンクリートがスリーブ底より少し上まで到達した後，反対側からコンクリートを打設し，スリーブ下に空気溜りが生じないように注意して十分に締め固めることである。空気溜りが生じれば**写真 6.4–6** に示すように，型枠を解体した時に未充填コンクリートが現れて仰天することになる。締固めも十分に行われていないため脆弱なコンクリートを斫ることが必要であり，補修するコンクリートが鉄筋の周囲に充填されるためには，**写真 6.4–7** に示すように，少なくとも鉄筋の奥 50 mm まで斫り込まなければならない。

**写真 6.4–6** スリーブ周辺に現れた空洞

**写真 6.4–7** 脆弱なコンクリートの斫り後

型枠は，コンクリートの投入口をコンクリートを打設する天端より高い位置に設け，叩きとともに細い棒や手ごろな鉄筋等で入念に締め固める。**写真 6.4–8** に示す型枠では，投入口が低く，上部でコンクリートの打継ぎが一度ではできないため造り替えなければならない。

補修するコンクリートの打設高さが大きい場合は，コンクリートの沈降で上部に隙間が生じることがある。隙間がある場合は無収縮モルタルを注入して，先行コンクリートと補修コンクリートが一体になるようにしなければならない。

**写真 6.4–8** 投入口が低い補修型枠

## (4) 鉛直打継ぎ部のコンクリート打設

① 先行コンクリートの打設方向

先行コンクリートの打設は，耐圧版上に溜まった水を片押しで打設し，型枠が開放されている鉛直打継ぎ部に向かって打設する。その際，溜り水に接している周辺ではコンクリートに水が混ざらないように，バイブレーターの振動が伝播しない距離で締固めを行うように注意しなければならない。

② 先行コンクリートの締固め

鉛直打継ぎ面に到達したコンクリートは，下で監視している係員の合図で300 mm程度ごとに締め固める。仕切り型枠にエキスパンドメタルを使用した場合は，スリットからノロが漏れ始めた時に締固めを中止させる「ストップ」の合図を送り，コンクリートは連続して投入するがバイブレーターをいったん引き抜く。仕切り型枠の奥に空洞が残らないように順次，天端までこの要領で締め固める。

③ 地中梁天端均し

コンクリートが仕切り型枠の隙間から写真6.4–9に示すように漏れた場合，地中梁は成が大きいためコンクリートの沈降により，水平な鉄筋の下端に隙間が生じる。それに伴ってコンクリート天端に沈みクラックが発生し，写真6.4–10に示すように主筋上端のかぶり厚さが不足しているのに加え，ノロが流出した付近のコンクリートは，堰板を外した表面に豆板が現れている。

写真6.4–11はこの不具合を是正するため，地中梁主筋の下端50 mmまで斫り，コンクリートを打ち直した例である。これを防止するにはコンクリートが落ち着いた頃に天端をタンピングし，天端高さが低くならないようにコンクリートを補充して均さなければならない。

冬季にはコンクリートが凍結しないように，打設終了時刻を早めた打設量とし，適切な養生が必要である。

写真6.4–9　仕切り型枠の隙間からコンクリートが流出

写真6.4–10　ノロ漏れした地中梁側面の豆板

写真6.4–11　ノロ漏れした地中梁主筋周りの斫り

写真6.4–12　梁の鉛直打継ぎ部締固め

④ 打継ぎ部先行コンクリートの水湿し

先行コンクリートの打継ぎ部は，打設当日に水溜りができない程度に水洗いを行い，先行コンクリートに吸水させてドライアウトを防止する。

⑤ 打継ぎ部後施工コンクリートの締固め

打継ぎ部は**写真 6.4-12** に示すように，先行コンクリートと一体になるように下部から順次締固めを行う。締固めが不十分なままにすれば乾燥収縮で打継ぎ部に大きな隙間ができ，漏水の処置でコストが余分に費やさればかりでなく，耐久性が問題になると考えられる。

### 6.4.4 壁のコンクリート打設
#### (1) 連続した壁

盲壁が連続している場合は，生コンクリートが投入位置から緩い勾配で左右に流れてゆく。昔はネコ車でコンクリートを打込み場所まで手押しで運搬し，次のネコ車が来るまで竹で突き固めていたため締固めが可能であったが，ポンプクリートでは限られたバイブレーターで全域にわたり各層で締め固めることは不可能となったため，コールドジョイントができやすくなった。

ポンプクリートでは，フレキシブルホースの吐出口でコンクリートが山盛りとなるのを落とすためにバイブレーターを使用しており，締固め用には別の棒状バイブレーターを2台以上用意しておかねばならない。壁の下部までは棒状バイブレーターは届かないため，型枠バイブレーターで短時間ずつ場所を移動しながら均等に使用する。

壁型枠の脚部に開けた排水口より，コンクリートが現れた時点で塞ぐことを忘れないようにする。回し打ちする場合は，型枠内の生コンクリート高さをサーチライトで確認し，棒状バイブレーターの先端が先行コンクリート内に届くように，挿入深さに注意して締め固めるようにしなければならない。本来はバイブレーターの作業範囲内に，壁のコンクリートを堰止める仕切り型枠を設けることが必要である。

**写真 6.4-13** に示す仕切り型枠は，写真には見えない方向に本実型枠化粧打放し仕上げがあり，シリカホワイトを混入したコンクリートと普通コンクリートを打ち継ぐため，階高分の仕切り型枠にコン止めガイドを使用し，鉛直打継ぎ面を直角に打ち継いだ例である。この工法であれば2～3スパンごとに仕切り型枠を設けて同日に打ち継げば，コールドジョイントがないコンクリートを打設することができると考えられる。

**写真 6.4-13** コンクリートの打分け仕切り型枠

#### (2) スリーブ周囲

ダクトが壁を貫通する角スリーブの水平長さが1m以下でも，**写真 6.4-14** に示すように空洞が生じた例がある。コンクリート打設は，一方から流下した生コンクリートが角スリーブに到達し，他方のスリーブ下端まで上昇したことを確認した後で，投入場所を移動して打設すれば空洞は生じない。筒先を持っている作業員へ打設場所を指示する係が，打設の心得がないため，角スリーブの下端に空気を閉じ込めて空洞が生じた例である。

現在は**写真 6.4-15** に示すように，角スリーブには空気抜き管を設けるようになったため，空洞が生じることは少なくなってきている。

**写真 6.4-14** 角形実管スリーブ下の空洞 　　**写真 6.4-15** 空気抜き管付き角形実管スリーブ

### (3) 階段の壁

　RC造の階段と同時打設の壁は，階段の踏面より溢れ出るコンクリートが落ち着くまで放置し，他の場所へいったん移動して打設する。先に打設した壁のコンクリートは硬化が進み，後から打ち足すコンクリートの締固めをしないことが多いため，**写真 6.4-16** に示すようなコールドジョイントができやすい。

　コンクリートは各層ごとの締固めを怠ればコールドジョイントができることは必然であるため，壁際の踏面は，型枠で蓋をして壁のコンクリートの締固めができる丈夫な型枠を組み立てなければならない。

　踏面を前面蓋とする場合は，空気溜りができないように空気抜き孔を段鼻に約300@であけ，壁際の孔からモルタルが順次溢れ出たことを確認して上段へ移動する。

　壁の横筋が水平打継ぎ面近くにあれば鏝均しができず，**写真 6.4-17** に示すように，打継ぎ面より露出した横筋はコンクリートの沈降で付着が切れ，外壁であれば雨水の溜り場になる。このため横筋を下げるか，または鏝均しができる高さまで上げておく必要がある。このことは配筋検査時点で指摘しておかねばならない。

**写真 6.4-16** 階段壁に生じるコールドジョイントと豆板 　　**写真 6.4-17** 水平打継ぎ面の横筋高さの不具合例

### 6.4.5　柱のコンクリート打設
#### (1) 一般階高の場合

　柱のコンクリートを真上から直接投入すれば，大梁の上下主筋にモルタル分が付着し粗骨材が早く落下するため，コンクリートが分離して柱脚に豆板ができやすい。したがって，大梁を経由して打設するのが望ましいが，このためには大梁の肋筋が柱内に食い込まない配筋がよい。1層を2回に分けて回し打する場合は，梁底のコンクリートを残さないように落としておかないと，梁端部にコールドジョイントが残る。

## (2) 打設高さが4mを超える場合

打設高さが4mを超える場合は，型枠の下部から圧入するか，または型枠高さの中間にホースの挿入口を設ける等の方法で，コンクリートの分離を防止しなければならない。

柱の隅に縦型シュートを挿入する隙間があれば，**写真 6.4-18** に示すワインディングパイプに500@に孔を開けて打ち込む方法や，**写真 6.4-19** に示すビニールパイプに切れ目を入れた「コンクリートシューター」は，5mの打込み高さでも骨材の分離は生じない。

**写真 6.4-18** 打込みワインディングパイプで打設

**写真 6.4-19** コンクリートシューターで高さ5mの擁壁打設

## 6.4.6 梁のコンクリート打設
### (1) 梁のコールドジョイント

回し打ちで移動した後に大梁底にコンクリートが残ったまま放置した場合，**写真 6.4-20** に示すようにせん断応力が大きい大梁端部にコールドジョイントが生じる。したがって，大梁に残ったコンクリートを除去できない場合は，後打ちコンクリートと一体となるように，バイブレータの先端が先行コンクリートに挿入されるように締め固めなければならない。

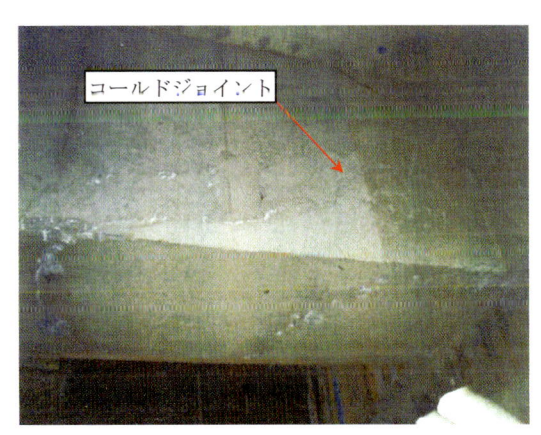

**写真 6.4-20** 大梁端部のコールドジョイント

### (2) 打継ぎ部の整形と掃除口

梁の鉛直打継ぎ部は，仕切り型枠の隙間から漏れたコンクリートを放置して，これを除去しないでコンクリートを打ち重ねた場合は，コールドジョイントで分断された締固めがされていないコンクリートは，強度が不足して梁の断面性能が低下する。したがって，コンクリート打設前には，漏れたコンクリートを梁底まで斫って除去しなければならない。梁成が大きく斫り屑を除去することが困難であるため，型枠に斫り屑の落とし口を開けるように計画するのが得策である（5.4.4「梁の仕切り型枠」参照）。

## (3) 床配筋の養生

　回し打ちの際に梁上下筋の上に載ったコンクリートを放置したまま移動すれば，コンクリートの硬化が進み，打設作業の歩行や振動で鉄筋との付着が切れてしまうため，**写真 6.4–21** に示すように床スラブの上にコンクリートをこぼさない対策が必要である。梁上にこぼしたコンクリートは，ポンプクリートの筒先が移動した後を追いかけるように，柱や壁の型枠内へ落とし，先に打設したコンクリートと一体になるように桟木や鉄筋等で突き固めておかねばならない。梁底にこぼしたコンクリートを放置してその上にコンクリートを打ち重ねればコールドジョイントができる。

　旧都市整備公団が分譲したベルコリーヌ南大沢団地の欠陥マンションは20棟も解体したが，そのうちの1棟に**写真 6.4–22** に示すようなコールドジョイントから剥落とした痕跡があった。

**写真 6.4–21**　梁際にコンパネ敷き養生 　　**写真 6.4–22**　梁底にこぼしたコンクリートの剥落

　梁筋上から壁へコンクリートを落とした後は，濡れブラシの水をバケツ内で振り切って鉄筋の汚れを拭き取る。水切りが不十分な場合は，コンクリート表面のセメントペーストが流れて窪みに水が溜まるため，拭取り係の作業員を指導しなければならない。

## (4) 大梁天端のタンピング

　大梁は床スラブよりコンクリートの打込み高さが何倍も大きいため，打設後の時間が経過するのに伴ってコンクリートの沈降が進み，スターラップや梁主筋の上部に前掲**写真 4.7–9** に示したような沈みクラックが発生する場合がある。したがって，コンクリート打設後1時間程度経過後にタンピングすることがよいといわれている。しかし，コンクリートが沈降して水平な鉄筋の下端に空隙が生じた部分をタンピングして充填すれば，コンクリート天端が下がり，鉄筋上部のかぶり厚さが不足することになる。

　コンクリート打設後1時間も経過する頃は，ポンプ車は片付け終了間際で生コン車は帰ってしまって

**写真 6.4–23**　「土間用タッピング」と「バイブレーター」の併用で締固め

いるため，コンクリートを打ち足すことはできない。そこで，コンクリート打設中に**写真 6.4–23** に示す「土間用タッピング」で十分な締固めを行い，余剰水と気泡を型枠外へ排出しなければならない。

## (5) 水平打継ぎ面の均し

先行コンクリートの水平打継ぎ面が，**写真 6.4–24** に示すように均しや鏝押えをしていない場合は，打継ぎ目地の上にコンクリートが載っている部分や低い部分があり，目地の形をモルタルで補修することになる。補修した目地は後で剥がれて脱落する恐れがあり，耐久性も劣る。外壁側の打継ぎ面は凹凸がなく平滑で外勾配となる入念な鏝押えが重要である。

## 6.4.7 床スラブのコンクリート打設
### (1) こぼしたコンクリートの処置

柱や壁の鉛直部材を2層に分けて回し打ちする場合に，各柱ごとにコンクリートを打設しながら工区を一廻りするため，養生を怠れば床スラブ配筋上にこぼれたコンクリートが乾燥し，**写真 6.4–25** に示すように，見苦しい痕跡が見えることになる。

床スラブの型枠上にこぼしたコンクリートは，打設作業の振動で鉄筋とコンクリートの付着が切れる。そのままコンクリートを打ち重ねれば，前掲**写真 6.4–22** の梁底にこぼしたコンクリートの剥落に示したように後日になって剥離する恐れがあるため，除去しておかねばならない。

先に打設されたコンクリートが下にある場合には，**写真 6.4–26** に示すように，型枠内へ落としたコンクリートを直ぐに突き固めておかねばならない。

**写真 6.4–24** 水平打継ぎ面の不具合例

**写真 6.4–25** 床スラブの型枠上にこぼしたコンクリートの痕跡

**写真 6.4–26** こぼしたコンクリートの除去

### (2) 打設幅の境界

床スラブのコンクリート打設は，ポンプクリートの筒先を左右に振り回せる範囲で均しながら進めていくが，その境界を梁上で止めれば**写真 6.4–27** に示すように，スターラップとスラブ筋の左右からの定着部が重なり，鉄筋のあきが不足している部分にコンクリートが残るため，下部に空洞が生じる可能性がある。したがって，回し打ちの境界は，床スラブ上で打ち分けるほうが無難である。

写真 6.4–27　梁上での打設幅境界の不具合

写真 6.4–28　床スラブの締固め不足

### (3) 床スラブコンクリートの締固め

　床スラブは，面外方向に荷重が作用し，クリープでたわみが大きくなれば使用上の問題が生じる。したがって，密実で強度の高いコンクリートとするために十分な締固めが必要である。**写真 6.4–28** は，前掲**写真 6.4–22** と同じ団地の床スラブである。この床スラブは締固めが不十分で，鉄筋の周りにコンクリートが充填されず，鉄筋が露出して付着力が不足し重ね継手の強度が得られていない。

　床スラブは成が薄いため，棒状バイブレーターで締固めを行うにはあまり適してはいない。前掲**写真 6.4–23** に示した「土間用タッピング」を使用して，全面にわたってタンピングをすれば効果的であり，充填不良や沈みクラックは発生しない。

### (4) 工区境の先行コンクリート打設

　先に施工する工区境の床スラブコンクリートは，後で鉛直打継ぎとなるため，上端筋が下がったままコンクリートに打ち込まれると耐力低下を招き，クレームの原因となる。したがって，コンクリート打設前には，スラブ筋のかぶり厚さ過大や打継ぎ補強筋忘れがないことと併せ，後施工側のバーサポートを確認する。

　仕切り型枠にラスを使用した場合のコンクリート打設は，ラスの網目からノロ漏れや空洞が生じやすいため，後施工側からノロが漏れるタイミングをバイブレーター係と連携し，ゴー・ストップの合図を送り，30 cm 間隔くらいで順次締め固めていけば，**写真 6.4–29** に示すように空隙が生じない良好な打継ぎ面ができる。

写真 6.4–29　コン止めスペーサーの打継ぎ面

### (5) 工区境の打継ぎ

　鉛直打継ぎ部は，先行コンクリートの乾燥が進んでいるため，水湿しを十分行って後施工コンクリートのドライアウトを防止しなければならない。後施工コンクリートは，打継ぎ部が一体となるように入念に締め固めなければならないが，コンクリート天端を均し終わった後で打継ぎ面を観察すると，**図 6.4–1** に示すように，軟らかいコンクリー

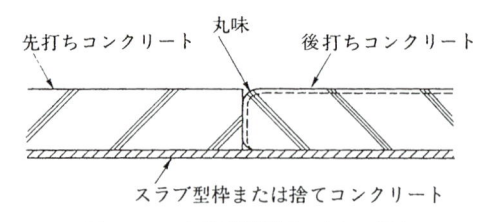

図 6.4–1　打継ぎ部締固め忘れの概念

写真 6.4–30　締固め不良の範囲指示例 　　写真 6.4–31　打ち継ぐ直前に濡れブラシで水湿し

トの端部に丸みがあり，打継ぎ面で締固めが行われていないことが判る。**写真 6.4–30** は，実際の現場で，鉛直打継ぎ部の締固めが不十分な範囲をテストハンマーで印を付けた跡である。このようにして再度締固めを行えば若干コンクリートが下がるため，生コンクリートを補充して打継ぎ面が密着するように均す。

打継ぎ部の後施工コンクリートは，コンクリート打設前に打継ぎ面を水洗いして吸水を行う。コンクリート打設当日の最初に先行コンクリートの周囲をきれいに掃除し，コンクリートが打継ぎ部に到達する直前には，**写真 6.4–31** に示すようにブラシで水湿しを行う。先行コンクリートとなじむようにバイブレーターを十分にかけた後で均す。

## 6.5　打設中のにわか雨

コンクリート打設の前日には，天気予報で降雨・雪が予想される場合はその量を予測し，小雨程度であれば決行してもよいが，品質を重視する場合は中止を決断しなければならない。コンクリート打設中に大雨に遭遇すれば水溜りができ，注意が行き届かなかった部分には**写真 6.5–1** に示すようなコンクリートの分断が生じる。にわか雨に遭遇した場合はコンクリート打設を中断し，バッチャープラントからの出荷停止を指示する。

写真 6.5–1　にわか雨で分断されたコンクリート

小雨になるまでの間に壁や梁の窪みに水が溜まらないように溝を付けて流し，柱や壁に溜まった水は堰板にドリルで穴を開けて排水する。コンクリートの終結時間は数時間後であるため，打ち重ねたコンクリートと先行コンクリートの界面が一体となるように，バイブレーターや突き棒で入念に締固めをすることが重要である。にわか雨は断続的に降る場合があるため，**写真 6.5–2** に示すように梁の上部にシートをかけ，打継ぎ面が雨に叩かれないように養生する。

写真 6.5–2　にわか雨の養生シート掛け

## 参考文献

1) 蜂巣　進・定方　啓：建築構造 II，建築技術講座 4 巻，共立出版，1957
2) (社)日本圧接協会 編：鉄筋のガス圧接入門，pp.9, 10, 1994
3) (社)日本圧接協会 編：鉄筋継手部外観検査マニュアル（案），pp.2–6, 2007
4) 杉本浩一・藤生直人：高強度鉄筋の施工標準，建築技術，2002-7，p.169
5) (株)東峰：鉄筋の高周波溶融融合圧着継手カタログ，1998-9
6) 東京鉄鋼(株)：トップスジョイントのカタログ
7) (社)コンクリートパイル建設技術協会 編：既製コンクリート杭の施工管理，p.135, 2006
8) (社)コンクリートパイル建設技術協会編：既製コンクリート杭の施工管理，p.190, 2006
9) 林　隆浩：礎，2005-3, p.20, (社)コンクリートポールパイル協会・(社)コンクリートパイル建設技術協会編
10) (社)日本建築構造技術者協会編：杭の工事監理チェックリスト，p.76, 技報堂出版，1998
11) (社)日本建築構造技術者協会編：杭の工事監理チェックリスト，p.82, 技報堂出版，1998
12) (社)日本建築構造技術者協会編：杭の工事監理チェックリスト，p.118, 技報堂出版，1998
13) 小木茂・中村敏昭・足立岳夫：はじめから見直す鉄筋工事のポイント，p.129, 建築技術，2003
14) 若林嘉津雄：建築・構造と施工の接点，学芸出版社，1990
15) 酒見庄次郎：RC 造開口隅角部の新しい補強工法，月刊リフォーム，pp.75–81, 1997-9
16) 黒木安男：はじめから見直す鉄筋工事のポイント，p.128, 建築技術，2003-12
17) (財)建材試験センター：建築基準法第 2 条第七号の認定に係る耐火構造の耐火性濃試験報告書，2005-1
18) (社)日本建築構造技術者協会編：RC 建築物躯体の工事監理チェックリスト（第 2 版），p.112, 技報堂出版，2001
19) 荒川尚美：欠陥マンション問題，スラブのたわみが訴訟に発展，日経アーキテクチュア，2004-10-4, p.075
20) 酒見荘次郎：RC 造の欠陥予防監理術，第 1 回連載，日経アーキテクチュア，2005-1-10, p.101
21) (社)日本建築構造技術者協会編：RC 建築物躯体の工事監理チェックリスト（第 2 版），p.58, 技報堂出版，2001
22) 岡部建材(株)：「ダボリング工法」技術資料
23) (株)日本インダストリー製作所：総合カタログ
24) (株)日本インダストリー製作所：「コン止めガイド」カタログ
25) 木津田秀雄：写真提供　胡桃設計
26) (社)日本建築構造技術者協会編：RC 建築物躯体の工事監理チェックリスト（第 2 版），p.100, 技報堂出版，2001
27) (社)日本建築構造技術者協会編：見落としてはならない RC 造の打継ぎチェックリスト，p.42, 技報堂出版，2006
28) 酒見荘次郎：人の失敗に学ぶ RC 造の施工欠陥と対策，技報堂出版，2001
29) (社)日本建築学会：建築工事標準仕様書・同解説 JASS 5 鉄筋コンクリート工事，1986, 1991, 2003
30) JIS G 3112–1987　異形鉄筋の寸法，質量及び節の許容限度
31) 東京電機大学工学部建築学科中野研究室：鉄筋コンクリート有効はりの SR スリーブ工法によるせん断補強効果に関する実験報告書，1983
32) TOPICS はり貫通孔補強を工業化した SR スリーブ工法，建築技術，1984-12

## 付録 1

異形鉄筋の寸法，質量および節の許容限度（JIS G 3112–1987 年）

| 呼び名 | 公称直径 (d) mm | 公称周長 (l) cm | 公称断面積 (S) cm² | 単位質量 kg/m | 節の平均間隔の最大値 mm | 節の高さ 最小値 mm | 節の高さ 最大値 mm | 節のすき間の和の最大値 mm | 節と軸線との関係 |
|---|---|---|---|---|---|---|---|---|---|
| D 6 | 6.35 | 2.0 | 0.3167 | 0.249 | 4.4 | 0.3 | 0.6 | 5.0 | |
| D10 | 9.53 | 3.0 | 0.7133 | 0.560 | 6.7 | 0.4 | 0.8 | 7.5 | |
| D13 | 12.7 | 4.0 | 1.267 | 0.995 | 8.9 | 0.5 | 1.0 | 10.0 | |
| D16 | 15.9 | 5.0 | 1.986 | 1.56 | 11.1 | 0.7 | 1.4 | 12.5 | |
| D19 | 19.1 | 6.0 | 2.865 | 2.25 | 13.4 | 1.0 | 2.0 | 15.0 | |
| D22 | 22.2 | 7.0 | 3.871 | 3.04 | 15.5 | 1.1 | 2.2 | 17.5 | 45 度以上 |
| D25 | 25.4 | 8.0 | 5.067 | 3.98 | 17.8 | 1.3 | 2.6 | 20.0 | |
| D29 | 28.6 | 9.0 | 6.424 | 5.04 | 20.0 | 1.4 | 2.8 | 22.5 | |
| D32 | 31.8 | 10.0 | 7.942 | 6.23 | 22.3 | 1.6 | 3.2 | 25.0 | |
| D35 | 34.9 | 11.0 | 9.566 | 7.51 | 24.4 | 1.7 | 3.4 | 27.5 | |
| D38 | 38.1 | 12.0 | 11.40 | 8.95 | 26.7 | 1.9 | 3.8 | 30.0 | |
| D41 | 41.3 | 13.0 | 13.40 | 10.5 | 28.9 | 2.1 | 4.2 | 32.5 | |
| D51 | 50.8 | 16.0 | 20.27 | 15.9 | 35.6 | 2.5 | 5.0 | 40.0 | |

**備　考**

1. 公称断面積，公称周長および単位質量の算出方法は，次による．

   公称断面積 $(S) = \dfrac{0.7854 \times d^2}{100}$：有効数字 4 けたに丸める．

   公称周長 $(l) = 0.3142 \times d$：小数点以下 1 けたに丸める．
   単位質量 $= 0.785 \times S$：有効数字 3 けたに丸める．

2. 節の間隔は，その公称直径の 70% 以下とし，算出値を小数点以下 1 けたに丸める．

3. 節のすき間[4]の合計は，公称周長の 25% 以下とし，算出値を小数点以下 1 けたに丸める．
   **注** (4) リブと節とが離れている場合，およびリブがない場合には節の欠損部の幅を，また，節とリブとが接続している場合にはリブの幅を，それぞれ節のすき間とする．

4. 節の高さは次表によるものとし，算出値を小数点以下 1 けたに丸める．

   | 寸　　法 | 節の高さ 最　小 | 節の高さ 最　大 |
   |---|---|---|
   | 呼び名 D13 以下 | 公称直径の 4.0% | 最小値の 2 倍 |
   | 呼び名 D13 を超え　D19 未満 | 公称直径の 4.5% | 最小値の 2 倍 |
   | 呼び名 D19 以上 | 公称直径の 5.0% | 最小値の 2 倍 |

付録2

日本建築学会大会学術講演梗概集
（北　陸）昭和58年9月

鉄筋コンクリート有孔ばりのせん断補強に関する実験的研究

正会員　中野清司[1]　同　斎藤　光[2]　同　上杉英樹[3]
　　同　立花正彦[4]　同　伊藤利和[5]　同　○早川誠一[6]

§1.　序　　本研究は鉄筋コンクリートばりの腹部貫通孔周辺を鋼管スリーブに取り付けたスパイラル筋とあばら筋にリングプレートを溶接したものとによりせん断補強する工法（以下SRスリーブ工法という）について実験的にその補強効果を確認しようとするものである。

§2.　試験体　　試験体の形状及び寸法を図1に示す。はりの断面 $B \times D = 350 \times 650$　せん断スパン比 $M/Q_d = 3.40$　主筋 5-D32 ($P_t = 1.93\%$) であり、各試験体共通である。

各試験体の実験度数は表1に示す通りであり、せん断破壊先行型と曲げ破壊先行型とがある。前者のあばら筋は D10@200（Ｉシリーズ）、後者は D13@100（Ⅱシリーズ）である。試験体にはそれぞれ貫通孔のないもの（No.1、No.6）、単孔に鋼管スリーブのみ設置したもの（No.2、No.7）鋼管スリーブにスパイラル筋2段を取り付けたもの（No.3）、鋼管スリーブにリングプレートとあばら筋を溶接したもの（No.4）、SRスリーブ工法で補強したもの（No.5、No.8、No.9）及び三連孔（孔間隔50cm）にSRスリーブ工法で補強したもの（No.10）があり、合計10体である。なお、使用鉄筋はSD35、コンクリートは普通コンクリートであり、各素材の機械的性質を表2に示す。

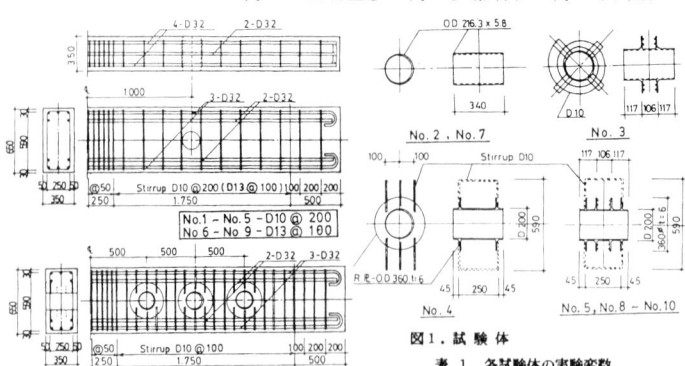

§3.　実験方法　　実験方法は図2に示す様に試験体中央をピン（能力100t）支持し、両端部のアクチュエータ（能力75t）によ正負繰返しせん断力を作用させた。せん断力 Q=20t で正負1サイクル載荷し、その後変形量 $\delta = 20^{mm}$ 及び $40^{mm}$（部角材 R=1.0% 及び 2.0%）で各正負5サイクルづつ載荷し、$\delta = 60^{mm}$（R=3.0%）で正負2サイクル載荷し、その後正加力で一方向載荷した。

§4.　実験結果と検討　　破壊状況の代表例を図3に示す。本実験の破壊形式は次の4種類に大別できる。〔TypeⅠ〕主筋の曲げ降伏以前に対角線

図1.試験体

表1　各試験体の実験変数

| 試験体 | スパイラル | リングプレート +あばら筋 | あばら筋 |
|---|---|---|---|
| No.1 | 無孔ばり | | |
| No.2 | 単孔無補強 | | |
| No.3 | 単孔 S 補強 | 2段D10 | | D10@200 (Ⅰシリーズ) |
| No.4 | 単孔 R 補強 | | D10@100 | |
| No.5 | 単孔 SR補強 | 2段D10 | D10@100 | |
| No.6 | 無孔ばり | | | |
| No.7 | 単孔無補強 | | | |
| No.8 | 単孔 SR補強 | 2段D10 | D13@100 | D13@100 (Ⅱシリーズ) |
| No.9 | 単孔 SR補強 | 2段D10 | D10@100 | |
| No.10 | 三連孔 SR補強 | 2段D10 | D13@100 | |

表2.機械的性質

| | 降伏点 (t/cm²) | 最大強度 (t/cm²) | 伸び率 (%) |
|---|---|---|---|
| D 32 | 3.85 | 5.97 | 26.0 |
| D 13 | 3.74 | 5.59 | 17.7 |
| D 10 | 3.36 | 5.53 | 17.0 |

| | 圧縮強度 (kg/cm²) | 引張強度 (kg/cm²) |
|---|---|---|
| No. 1 | 328 | − |
| No. 2 | 311 | − |
| No. 3 | 341 | − |
| No. 4 | 358 | − |
| No. 5 | 355 | − |
| No. 6 | 346 | − |
| No. 7 | 322 | − |
| No. 8 | 328 | 29 |
| No. 9 | 328 | 29 |
| No.10 | 336 | − |
| 平均 | 336 | 29 |

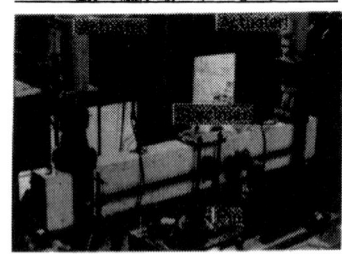

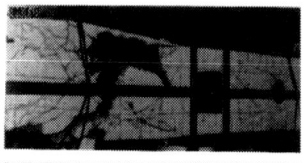

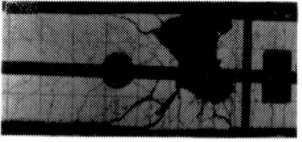

図2.実験方法

図3.破壊状況

Experiment on Reinforcement against Shear Forces in Reinforced Concrete Beam with Circnlar Web Openings

HAYAKAWA Seiichi　et al.

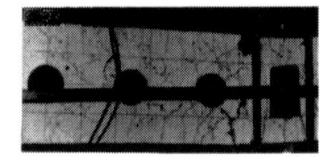

上のせん断ひび割れによりせん断破壊するもの（No.1、No.2）〔TypeⅡ〕主筋の曲げ降伏以後にTypeⅠと同様対角線上のひび割れでせん断破壊するもの（No.3、No.4、No.7）〔TypeⅢ〕主筋の曲げ降伏以後に45度方向のせん断ひび割れで破壊するもの（No.5、No.6、No.8、No.9）〔TypeⅣ〕主筋の曲げ降伏以後圧縮側コンクリートが圧壊するもの（No.10）。

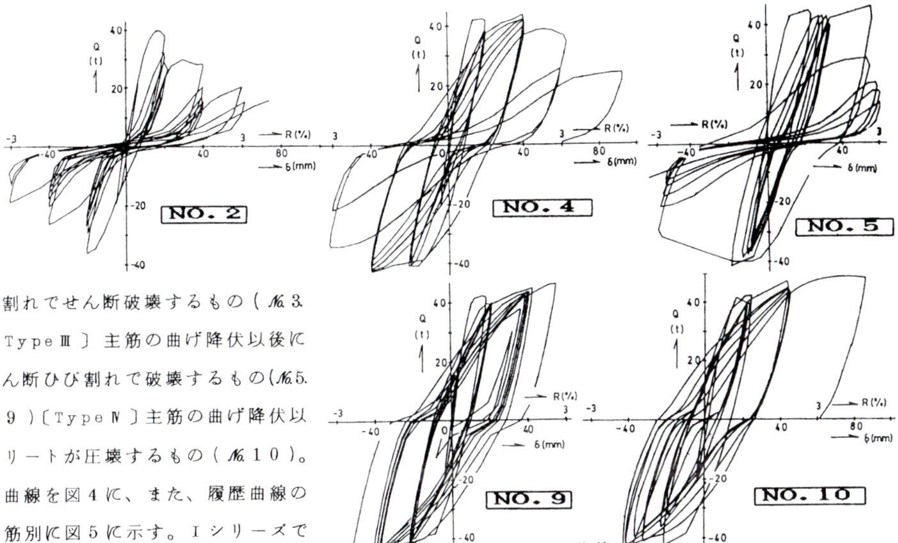

代表的な履歴曲線を図4に、また、履歴曲線の包絡線をあばら筋別に図5に示す。Ⅰシリーズでは、No.3試験体が無孔ばりNo.1と同程度の履歴曲線を示し、No.4、No.5は、No.1より良好な履歴曲線を示す。Ⅱシリーズでは鋼管スリーブのみの試験体No.7で無孔ばりNo.6より若干悪い性状を示すが、残りの試験体では、No.6と同程度の履歴曲線を示す。

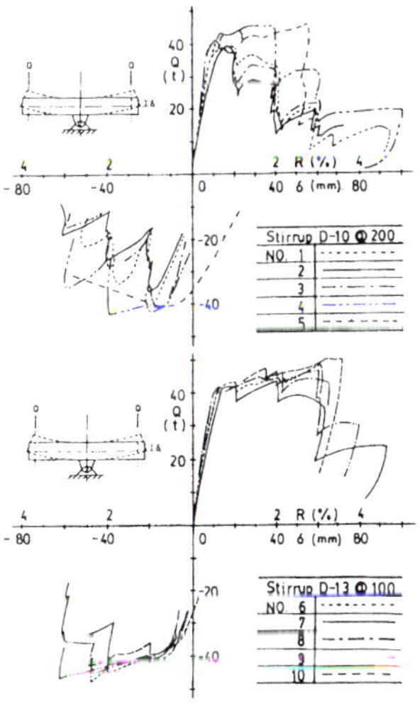

各試験体の曲げ及びせん断ひび割れ発生耐力（$bQ_{cr}^e$及び$sQ_{cr}^e$）、降伏曲げ耐力及び最大耐力（$bQ_y^e$及び$Q_m^e$）の実験値を表3にそれぞれ示す。鋼管スリーブのみの試験体No.2の最大耐力は鉄筋コンクリート有孔ばりの計算値（$sQ_u^{C2}$）を大きく上廻り、無孔ばりの耐力とほぼ一致している。本実験では鋼管スリーブ（$\phi 216.3 \times 5.8$）のみで耐力的にみて補強効果があったものと考えられる。残りの試験体8体はこれらせん断耐力の計算値（$sQ_u^{C1}$, $sQ_u^{C2}$）を上廻っており、曲げ耐力（表4）とほぼ一致しているものと考えられる。

§5. まとめ　鉄筋コンクリートばりの腹部貫通孔周辺をSRスリーブ工法で補強した実験結果により、SRスリーブ工法による補強方法は無孔ばりと同程度又はそれ以上の履歴曲線及び耐力を示すものと考えられること、特に孔間隔L=50cm（$L/\phi=2.5$）の三連孔でも本工法の補強であれば無孔ばりと同程度の挙動を示すこと等が明らかとなった。なお、本実験ではせん断破壊先行型の試験体が曲げ降伏しており、スパイラル筋やリングプレート等の負担耐力が不明確となっており、これらのことは今後の検討課題であると考えられる。

〔謝辞〕本研究は㈱東京ガス圧接東関東社の依託によって行ったものである。実験実施に当たり協力をいただいた同社坂部博氏にお礼を申し上げます。

〔参考文献〕(1) 日本建築学会：鉄筋コンクリート構造計算基準同解説　1971.5　(2) 広沢雅也、清水泰；建築技術　1973.3　pp.13～21

図4. 履歴曲線

図5. 履歴曲線の包絡線

表.3 実験結果

| | $bQ_{cr}^e$ (t) | e/c (1) | $sQ_{cr}^e$ (t) | e/c (1) | $bQ_y^e$ (t) | $Q_m^e$ (t) | $sQ_u^{C1}$ (t) | $sQ_u^{C2}$ (t) |
|---|---|---|---|---|---|---|---|---|
| No.1 | 6.0 | 0.78 | 20.0 | 1.02 | — | 38.9 | 38.0 | — |
| No.2 | 6.0 | 0.78 | 18.0 | 0.92 | — | 38.2 | 38.0 | 25.7 |
| No.3 | 6.0 | 0.78 | 18.0 | 0.92 | 42.1 | 42.1 | 28.0 | 25.7 |
| No.4 | 7.5 | 0.98 | 20.0 | 1.02 | 42.6 | 45.6 | 38.0 | 25.7 |
| No.5 | 7.5 | 0.98 | 20.0 | 1.02 | 42.2 | 46.7 | 38.0 | 25.7 |
| No.6 | 6.0 | 0.78 | 20.0 | 1.02 | 41.0 | 48.7 | 50.1 | — |
| No.7 | 9.0 | 1.17 | 20.0 | 1.02 | 42.0 | 43.3 | 50.1 | 37.8 |
| No.8 | 9.0 | 1.17 | 18.0 | 0.92 | 41.0 | 46.7 | 50.1 | 37.8 |
| No.9 | 9.0 | 1.17 | 20.0 | 1.02 | 39.7 | 46.0 | 50.1 | 37.8 |
| No.10 | 6.0 | 0.78 | 18.0 | 0.92 | 40.0 | 50.0 | 50.1 | 37.8 |

$$sQ_u^{C1} = bj \left\{ \frac{0.12 k_u k_p (180+Fc)}{M/Qd + 0.12} + 2.7\sqrt{p_w \sigma_y} \right\}$$

$$sQ_u^{C2} = bj \left\{ \frac{0.12(1-1.61H/D) k_u k_p (180+Fc)}{M/Qd + 0.12} + 2.7\sqrt{p_w \sigma_y} \right\}$$

$k_u, k_p$ : 補正係数

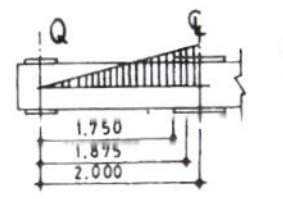

表4 曲げ耐力計算値

| L (m) | 降伏 | 最大 |
|---|---|---|
| 2.000 | 36.3 | 41.2 |
| 1.875 | 38.7 | 43.9 |
| 1.750 | 41.4 | 47.1 |

（平面保持の仮定より求めた計算値）

$M_y = 72.5$ tm
$M_m = 82.5$ tm　$Q = M/L$

1) 東京電機大.教授.工博.　2) 千葉大教授.工博.　3) 同助手　4) 東京電機大.助手、5) 東京都目黒区役所、6) 日本電気技術情報システム開発KK

**付録3**

主筋およびスターラップの配筋を終わり、ダイモンを使用して型枠内に一部落とし込んでいる状況

# はり貫通孔補強を工業化したSRスリーブ工法

はり貫通孔回りの複雑な補強配筋を単純化して工業化を図り、現場では、はり主筋を配筋して型枠内へ設置する工法が東京ガス圧接㈱で開発され、「SRスリーブ工法」(Spiral Bar & Ring Plate Reinforced Sleeve) の名で実用化されている。

従来、はり貫通孔の斜め筋補強はRC造の中で最も精度が悪く、設計上必要な鉄筋量を正規の位置に配筋することはきわめて困難であり、コンクリートの充填性や、連続孔による剛性低下など強度上の不安があった。

また、孔の最小間隔の制限値が大きく一つのスパン内に配管が並びきれない場合や、コンクリートの打設によりスリーブが傾斜したりつぶれるなど多くの問題があった。

SRスリーブ工法は、鋼管スリーブに鍔状のリングプレートを介して、孔の上下に設ける溝形の肋筋をそれぞれ溶接して閉鎖形とし、さらにはり幅の中間帯部分をスパイラル筋で補強したもので、破壊にいたるひび割れの進展を拘束するため、無孔ばり以上の曲げ・せん断耐力がある。

また、孔間隔を孔径の2.5倍に縮小することができるとともに、精度の高いスリーブ位置と工期短縮が図れるなど、多くの特長を持っている。

■開発の背景

十勝沖地震以来、柱のせん断破壊が注目され、その後柱はせん断破壊より曲げ破壊が先行するように帯筋量を増し、内部コンクリートを拘束する配筋方法に改められている。これにより柱はねばり強くなってきているため、次に大きな地震が襲来すると、補強の不充分なはり貫通孔部分でせん断破壊する恐れがある。

はり貫通孔の補強方法は、従来から斜め筋補強が一般的に行なわれているが、補強配筋の角度や、スリーブとのあきが大きすぎたり、接近しすぎたり、孔上下のスターラップがなかったり等、具合が悪くても、複雑に絡み合った鉄筋は修正

現場におけるSRスリーブの製作

渦巻状に成形されたスパーレン

が不可能な場合がしばしばある。

このほかにも多くの問題点があるが、コンクリートを打設してしまえば不具合な部分は見えなくなってしまい、体内に危険な因子を抱えていることになる。

このため、ガス圧接された鉄筋が圧接部で切れてはならないのと同様に、貫通孔による断面欠損部が無孔ばり部分より弱くならないよう、かつ連続孔でも剛性低下しないよう、新しい補強方法の開発が待たれていた。

SRスリーブ工法は、これらの諸問題を解決するため、独創的な補強形式の発明と工業化を行ない、「千葉県技術改善補助金」の交付を受け、東京電機大学建築学科実験室における実大実験で強度を確認し、実用化されたものである。

この工法については、日本建築学会昭和58年度大会（北陸会場）で、「鉄筋コンクリート有孔ばりのせん断補強に関する実験的研究」と題し、東京電機大学・中野清司教授、千葉大学・斉藤光教授、ほか4氏により発表されている。

■ 工法の概要

SRスリーブ工法では、はり幅より片面が10mm短い鋼管スリーブに、渦巻状に成形されたスパーレン（本誌59年11月号参照）と、窮状のリングプレートを肋筋幅の内側にはめ、スパーレンははり幅方向に等間隔となるよう溶接されている。これに孔の上下に必要な溝形の肋筋と、孔の両側には無孔ばりと同じ形状の肋筋が共に溶接されている。

この補強ユニットが現場に搬入され、床版型枠上に桟木を架け渡し、その上に補強ユニットを載せ、はり側面のスリーブ墨に合わせて仮置きする。次に、補強ユニットにはりの主筋を通し、主筋の継手を行なう。このあと、無孔部分の肋筋や腹筋を配筋し、最後に組み立てられたはりの鉄筋は、ダイセンを利用してはり型枠内へ静かに下げながら、スリーブ芯を合わせ完全に下げて完了する。

試験体の配筋検査

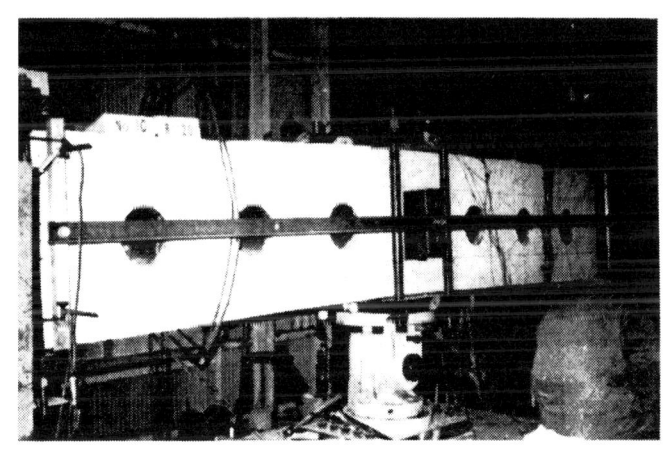

SRスリーブのせん断実験

■ 特長

SRスリーブの特長としては、次の諸点があげられている。

(1) 連続孔でも無孔ばりと同程度の挙動を示す。
(2) 孔間隔を孔径の2.5倍まで縮小できる。
(3) 孔の周囲にひび割れが発生しにくい
(4) 鉄筋と型枠やスリーブとのかぶり厚さが確実にとれるため、コンクリートの充実性が良い。
(5) スリーブが正確な位置に設置できる
(6) スリーブがつぶれたり傾斜したりしないため、スリーブ内にコンクリートが漏れず、斫りが不要となる。
(7) 工期が躯体工事の1サイクルで1日以上短縮される。
(8) 現場での検査が容易である。
(9) 確実な工法のため安心感がある。

## 付録4

部位ごとのスペーサー形状

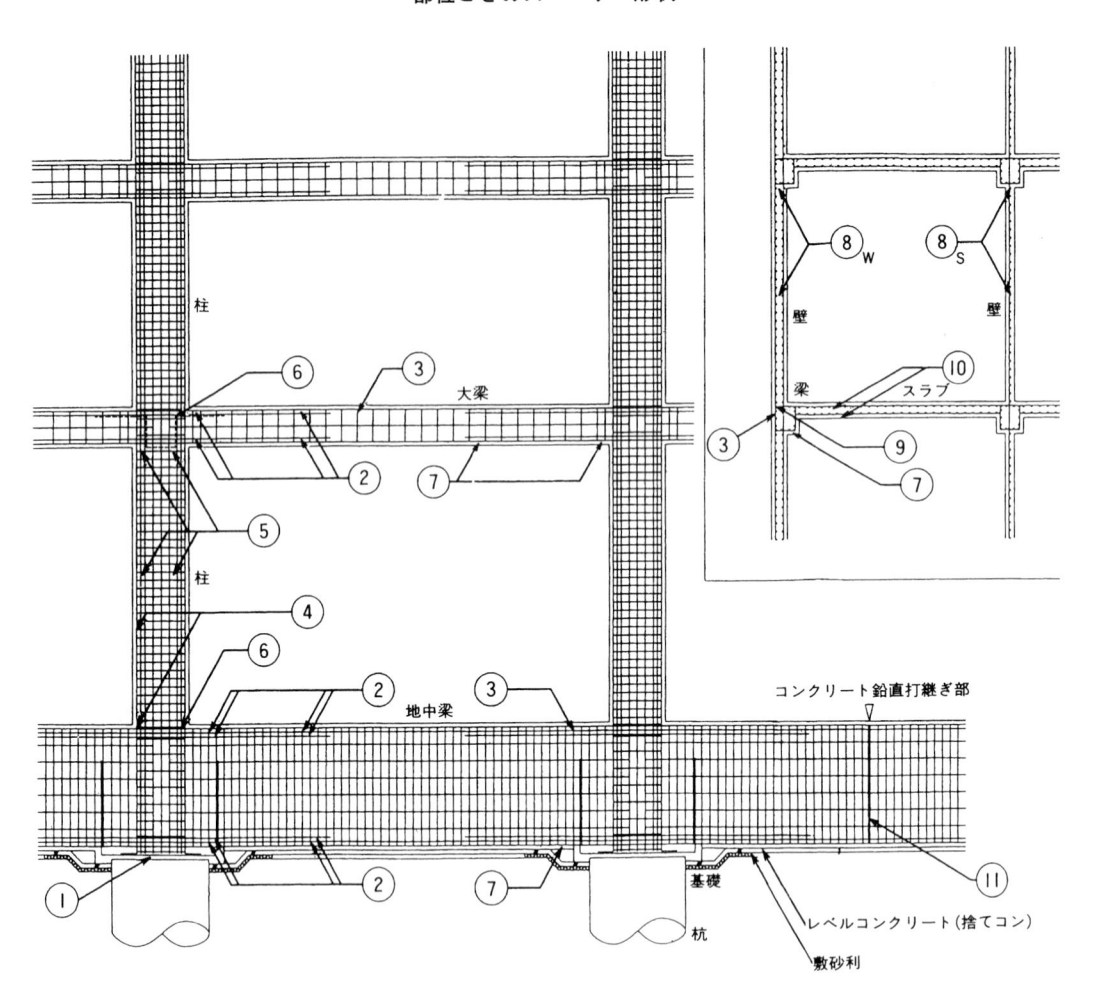

| 番号 | 名称 | 形状 | |
|---|---|---|---|
| ① | ベース筋<br><br>重荷重用スペーサー | 上筋用太線スペーサー<br>防錆付き | 上筋用補強付きスペーサー<br>防錆付き |
| ② | 重ね筋（2段筋）<br><br>重ね筋スペーサーW型<br>重ね筋スペーサーサイド用 | 重ね筋スペーサーW型<br>複数主筋用<br><br>主筋径により異なる | 重ね筋スペーサー<br>サイド用<br><br>あばら筋径により異なる |
| ③ | 梁上端主筋とあばら筋<br><br>ビームサイドスペーサー | ビームサイドスペーサー<br>キャップ付き<br><br>主筋径によりフックが異なる | |
| ④ | 柱寄せ主筋<br><br>柱筋コーナーフック<br>メガネ金物 | 柱筋コーナーフック | メガネ金物 |
| ⑤ | 柱帯筋（フープ）<br><br>柱用W型<br>山形スペーサー | 柱用W型<br>キャップ付き | 山形スペーサー<br>防錆付き |
| ⑥ | 柱脚（各階）<br><br>柱脚スペーサー | 柱脚スペーサー<br>防錆付き<br>柱〜スラブ型枠用 | 高層RC<br>柱型枠用 |
| ⑦ | 梁筋<br><br>梁底S型<br>かんざし筋受け | 梁底S型<br>キャップ付き | かんざし筋受け<br>キャップ付き |
| ⑧ | 壁筋<br><br>壁筋Wスペーサー<br>壁筋Sスペーサー | Wスペーサー<br>キャップ付き | S（シングル）スペーサー<br>キャップ付き |
| ⑨ | 壁差し筋<br><br>差し筋スペーサー | 差し筋スペーサー<br>キャップ付き<br>梁側面付き | 差し筋スペーサー<br>キャップ付き<br>梁中間付き |
| ⑩ | スラブ筋<br><br>バー型スペーサー | バー型下端筋<br>キャップ付き | バー型上端筋<br>キャップ付き |
| ⑪ | コンクリート鉛直打継ぎ<br><br>コン止めガイド<br>ラス付きバー型スペーサー | 梁<br>コン止めガイド | スラブ<br>ラス付きバー型スペーサー<br>上端筋<br>下端筋 |

## おわりに

　耐震設計されたRC造の躯体は，常時は眠っている性能であるが，大地震が襲来した時にパッと眼を覚まし，破壊的な地震力に抵抗する耐震性能を発揮しなければならない。そのためには躯体が耐火性・耐震性および耐久性があることはもちろんのこと，非構造部材や設備機器がしっかりと躯体に取り付けられていなければならない。そうすれば機能が保持され，わずかな補修で建物を再び使用することができる。

　耐震性のあるRC造の躯体を造るには，地業・配筋・型枠・コンクリート打設および養生等，それぞれの工程で品質を確保しなければならず，これらが不十分であれば衝撃的な地震力に耐えることはできない。各工程で品質を確保するには，自主管理責任者が過去に発生した不具合事例に学び，同じ失敗を繰り返さないことを決意し，自分の仕事に情熱を注がなければならない。

　本書に掲載した多数の施工欠陥写真は，事前の施工計画や段取りに注意を怠った結果生じたものであり，工事監理をした筆者の指摘により，品質をある程度まで確保するために是正が行われた。結果として，工程やコストにも少なからず影響している。これらの欠陥はどこのゼネコンでも起こり得ることであるため，安易な施工法を改善しない限り，同じ失敗を繰り返すことになる。

　筆者は必要に迫られ，設計性能に影響する不具合発生の頻度が高いものについて，試行錯誤の結果，次の製品を発明し，メーカーの協力を得て確実で実用的な工法を開発した。
① 鉛直や水平な部材ごとに鉄筋のかぶり厚さを確保する，防錆措置を施した鋼製スペーサー
② 梁貫通孔補強工法で，無孔梁より強い「SRスリーブ工法」と「スパーレン」
③ 開口隅角部に発生する斜めひび割れ補強工法の「コーナーリング」＋「コーナーフォーム」
④ 壁および梁の鉛直打継ぎ部で，かぶり部分に鉄材を使用しない打継ぎ工法の「コン止めガイド」
⑤ 柱水平打継ぎ部の窪みをダボで解消し，打継ぎ性能が向上する「ダボリング」工法

　これらの製品は本文で説明しているとおり，職人の評価も上々で使いやすく，品質確保に必ず寄与する製品である。

　度々発生する不具合の問題点を追及し，上記の工法を開発のつど雑誌や著書に掲載した結果，製品の価値を認めていただいた一部の設計事務所とゼネコンでは採用されているが，現場の実情を把握している構造設計者が少ないため，まだ一般に普及していないのが残念である。イニシャルコストは多少必要ではあるが，設計性能が得られるため是正コストに比べれば僅少である。

　施工の品質に疑問を抱いた場合は，次回から設計図書に特記してコストを確保し，施工計画書を作成する段階から施工方法を検討して有効な手段を講じておけば，型枠を解体した後に理想的なRC造の躯体が姿を現す。最初に見るコンクリートの表面に欠陥がない時の喜びは大きく，ゼネコンの担当者に対し，その努力を称えることにしている。

　本書は鉄筋基幹技能者認定講習会のテキストに使用するため，RC造の基本的なことも記載し，すべてカラー写真で掲載した多くの事例について，詳しく解説したので比較的容易にご理解いただけたと思う。他人が経験した多くの失敗例と多額の費用を伴う対策の事例に学び，指導的な立場の技術者や技能者として，読者自身の失敗を防ぐための参考にしていただければ幸いである。

2007年8月

酒見荘次郎

### 著者紹介

**酒見荘次郎**（さけみ　しょうじろう）

1937年福岡県に生まれる。
1960年東京工業大学附属工業高等学校専攻科建築課程卒業後，建築事務所，建設会社で長年構造設計，施工管理，工事監理に携わる。1997年にシグマ技研を設立し工事監理の指導を続けている。
構造設計担当建物として，福岡空港第2ターミナルビル，小野田セメント大船渡工場，埼玉県立障害者リハビリセンター，鹿児島県立大島病院等が，工事監理担当建物として，福岡空港第2ターミナルビル，横浜市総合保健医療センター，フレスコ南大沢，学術の総合情報センター，国会審議テレビ中継施設，二番町プロジェクト、カテリーナ三田タワースイート等がある。
(社)日本建築構造技術者協会，(社)日本圧接協会，(社)コンクリートパイル建設技術協会，(社)全国鉄筋工事業協会の各種委員会で活動中。
著作として「人の失敗に学ぶRC造の施工欠陥と対策」（2001年，技報堂出版），「RC造の欠陥予防監理術」（日経アーキテクチュア，2005–1–10から5回連載）等がある。

---

**耐震建築をつくる RC造の要素技術**　　　定価はカバーに表示してあります

2007年10月25日　1版1刷　発行　　　ISBN 978-4-7655-2516-9 C3052
2011年8月20日　1版2刷　発行

著　者　酒　見　荘　次　郎
発行者　長　　　滋　　彦
発行所　技報堂出版株式会社

〒101–0051 東京都千代田区神田神保町1-2-5

日本書籍出版協会会員　　　　　　電話　営業　(03) (5217) 0885
自然科学書協会会員　　　　　　　　　　編集　(03) (5217) 0881
工学書協会会員　　　　　　　　FAX　　　　(03) (5217) 0886
土木・建築書協会会員　　　　　振替口座　　00140-4-10
Printed in Japan　　　　　　　　http://gihodobooks.jp/

© Shojiro Sakemi, 2007　　　　　　　装幀　冨澤　崇
　　　　　　　　　　　　　　　　印刷・製本　昭和情報プロセス

落丁・乱丁はお取り替えいたします．
本書の無断複写は，著作権法上での例外を除き，禁じられています．

● 小社刊行図書のご案内 ●　http://gihodobooks.jp/

|  |  |  |
|---|---|---|
| 建築用語辞典（第2版） | 建築用語辞典編集委員会編 | A5・1258頁 |
| コンクリート便覧（第2版） | 日本コンクリート工学協会編 | B5・970頁 |
| ストラクチュア・システム ―空間デザインと構造フォルム | Heino Engel 著／JSCA 関西翻訳グループ訳 | A4・358頁 |
| RC建築物躯体の 工事監理チェックリスト（第2版） | 日本建築構造技術者協会編 | B5・168頁 |
| 見落としてはならない RC造の打継ぎチェックリスト | 日本建築構造技術者協会編 | B5・146頁 |
| 見落としてはならない 非構造部材・設備と躯体の取合い | 日本建築構造技術者協会編 | B5・158頁 |
| 鉄骨建築内外装構法図集（第2版） | 鋼材倶楽部鉄骨建築非構造部材構法委員会編 | B5・398頁 |
| 実例でわかる 工作しやすい鉄骨設計（第3版） | 日本鋼構造協会編 | B5・154頁 |
| SCSS-H97 鉄骨構造標準接合部・H形鋼編 ―SI単位表示版 | 建設省住宅局建築指導課監修 | A4・218頁 |
| 鉄骨工事現場施工計画書の作成マニュアル | 建築業協会・日本建築構造技術者協会編 | B5・204頁 |
| 杭の工事監理チェックリスト | 日本建築構造技術者協会編 | B5・208頁 |
| アンダーピニング工法設計・施工マニュアル | 新アンダーピニング工法等研究会編 | B5・210頁 |
| 昼光照明デザインガイド ―自然光を楽しむ建築のために | 日本建築学会編 | B5・170頁 |
| 事例に学ぶ 建築リスク入門 | 日本建築学会編 | A5・162頁 |
| 木造住宅の耐震設計 ―リカレントな建築をめざして | 樫原健一・河村　廣著 | A5・286頁 |
| 鉄骨工事監理チェックリスト（第2版）―平成21年国交省告示第15号対応 | 日本建築構造技術者協会編 | B5・256頁 |
| わかりやすい鉄骨の構造設計（第4版） | 日本鋼構造協会編 | A5・416頁 |
| 鉄筋コンクリート造建築物における 構造スリット設計指針 | 日本建築構造技術者協会編 | B5・162頁 |

■技報堂出版　TEL 編集 03 (5217) 0881　営業 03 (5217) 0885　FAX 03 (5217) 0886